# DECISÕES MAIS INTELIGENTES

Preencha a **ficha de cadastro** no final deste livro
e receba gratuitamente informações
sobre os lançamentos e as promoções da
Editora Campus/Elsevier.

Consulte também nosso catálogo
completo e últimos lançamentos em
**www.campus.com.br**

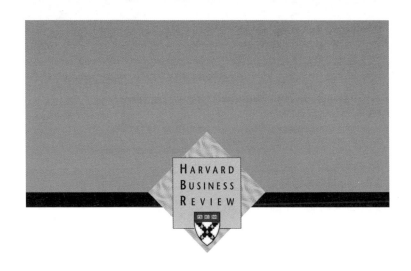

# DECISÕES MAIS INTELIGENTES

*On Making Smarter Decisions*

**OS MELHORES ARTIGOS DA HARVARD BUSINESS REVIEW**

**Tradução:**
Tom Venetianer
Consultor e especialista em Administração
Autor de *Como vender seu peixe na internet* e de
*Sucesso pessoal: o segredo dos vencedores.*

SÉRIE HBR COMPACTA

Do original: *Harvard Business Review On Making Smarter Decisions*
Tradução autorizada do idioma inglês da edição publicada por Harvard Business School Publishing Corporation
Copyright © 2007 by Harvard Business School Publishing Corporation
© 2008, Elsevier Editora Ltda.

Todos os direitos reservados e protegidos pela Lei 9.610 de 19/02/1998.
Nenhuma parte deste livro, sem autorização prévia por escrito da editora, poderá ser reproduzida ou transmitida sejam quais forem os meios empregados: eletrônicos, mecânicos, fotográficos, gravação ou quaisquer outros.

*Copidesque*: Cláudia Amorim
*Editoração Eletrônica:* Estúdio Castellani
*Revisão Gráfica*: Mariflor Brenlla Rial Rocha

*Projeto Gráfico*
Elsevier Editora Ltda.
Conhecimento sem Fronteiras
Rua Sete de Setembro, 111 – 16º andar
20050-006 – Centro – Rio de Janeiro – RJ – Brasil

Rua Quintana, 753 – 8º andar
04569-011 – Brooklin – São Paulo – SP – Brasil

Serviço de Atendimento ao Cliente
0800-0265340
sac@elsevier.com.br

ISBN 978-85-352-2933-2
Edição original: ISBN 978-1-4221-1493-3

**Nota:** Muito zelo e técnica foram empregados na edição desta obra. No entanto, podem ocorrer erros de digitação, impressão ou dúvida conceitual. Em qualquer das hipóteses, solicitamos a comunicação ao nosso Serviço de Atendimento ao Cliente, para que possamos esclarecer ou encaminhar a questão.

Nem a editora nem o autor assumem qualquer responsabilidade por eventuais danos ou perdas a pessoas ou bens, originados do uso desta publicação.

CIP-Brasil. Catalogação-na-fonte.
Sindicato Nacional dos Editores de Livros, RJ

---

D347    Decisões mais inteligentes / Harvard Business Review ; tradução Tom Venetianer. – Rio de Janeiro : Elsevier, 2008 – 2ª reimpressão.
      – (HBR compacta)

    Tradução de: Harvard Business review on making smarter decisions
    ISBN 978-85-352-2933-2

    1. Processo decisório. 2. Administração de empresas. I. Harvard Business Review. II. Série.

08-0461.                                  CDD: 658.403
                                            CDU: 65.012.2

# Sumário

Quem tem a D?   1
*Como papéis decisórios explícitos aumentam
o desempenho organizacional*
PAUL ROGERS E MARCIA BLENKO

Administração baseada em evidência   23
JEFFREY PFEFFER E ROBERT I. SUTTON

Pare de fazer planos; comece a tomar decisões   53
MICHAEL C. MANKINS E RICHARD STEELE

Decisões sem antolhos   75
MAX H. BAZERMAN E DOLLY CHUGH

Competindo com base na análise matemática   95
THOMAS H. DAVENPORT

Decisões e desejo   119
GARDINER MORSE

Vencendo uma cultura de indecisão   141
RAM CHARAN

As armadilhas ocultas na tomada de decisões    163
JOHN S. HAMMOND, RALPH L. KEENEY E HOWARD RAIFFA

Colaboradores    189

Índice    191

# Quem tem a D?

*Como papéis decisórios explícitos aumentam o desempenho organizacional*

PAUL ROGERS E MARCIA BLENKO

## Resumo executivo

DECISÕES SÃO A MOEDA corrente no mundo dos negócios. Mas, mesmo em empresas altamente respeitadas, as decisões podem se perder dentro da organização como dinheiro miúdo. Como conseqüência, todo o processo decisório emperra, normalmente em um destes quatro gargalos: global *versus* local, matriz *versus* unidade de negócio, função *versus* função e parceiros internos *versus* parceiros externos.

Os gargalos da tomada de decisão podem ocorrer sempre que exista ambigüidade ou estresse com relação a quem pode decidir o quê. Por exemplo, são os profissionais de marketing ou os desenvolvedores do produto que decidem as características de um novo produto? A aprovação de um grande investimento de capital que pertencerá a uma unidade de negócio deverá ser feita pela matriz ou pela própria unidade? Quais decisões podem ser delegadas a um parceiro terceirizado e quais devem ser necessariamente tomadas internamente?

Os consultores da Bain, Paul Rogers e Marcia Blenko, usam uma abordagem denominada RAPID para ajudar as empresas a desafogarem seus gargalos de decisão, ao definirem explicitamente os papéis e as responsabilidades. Por exemplo, a British American Tobacco (BAT) conseguiu um novo equilíbrio entre a tomada de decisão global e local, tirando proveito da escala da empresa e mantendo, ao mesmo tempo, sua agilidade em mercados locais. Na Wyeth Pharmaceuticals, uma oportunidade de crescimento revelou a necessidade de se estender um maior número de decisões para as unidades de negócio. Na cadeia inglesa de lojas de departamentos John Lewis, os compradores e a equipe de vendas esclareceram seus papéis decisórios visando implementar uma nova estratégia para a venda de moedores de sal e pimenta.

Ao reformular o processo decisório, a empresa deve tomar algumas medidas práticas: alinhar os papéis de decisão com as mais importantes fontes de valor; assegurar-se de que as decisões são tomadas pelas pessoas certas nos níveis corretos da organização e deixar que as pessoas que conviverão com o novo processo ajudem em sua formulação.

---

DECISÕES SÃO A MOEDA corrente no mundo dos negócios. Cada êxito, cada infortúnio, cada oportunidade aproveitada ou perdida é resultado de uma decisão que alguém tomou – ou deixou de tomar. Em muitas empresas, as decisões podem se perder dentro da organização como dinheiro miúdo. Evidentemente, há muito mais em jogo do que alguns trocados: trata-se do desempenho de toda a organização. Não importa em qual setor você opere, quão grande e bem conhecida seja a sua empresa nem quão engenhosa a estratégia pareça. Se você não é capaz de tomar as decisões corretas de maneira rápida e eficaz, nem de executá-las consistentemente, seu negócio perde terreno.

De fato, tomar boas decisões, fazendo-as acontecer rapidamente, é a marca registrada das organizações de alto desempenho. Quando pesquisamos executivos em 350 empresas globais sobre sua eficácia organizacional, apenas 15% informaram que atuam em uma organização que ajuda seu negócio a suplantar os concorrentes. O que distingue essas empresas de alto desempenho são a qualidade, a velocidade e a execução de suas decisões.

As organizações mais eficazes se saem bem nas principais decisões estratégicas – em quais mercados entrar ou sair, quais negócios comprar ou vender, onde alocar capital e talento – e brilham quando se trata das decisões operacionais críticas que exigem consistência e rapidez – impelir a inovação de produtos, encontrar a melhor maneira de posicionar marcas e como gerir parceiros de seus canais de distribuição.

No entanto, mesmo em empresas respeitadas pelo caráter decisivo podem existir ambigüidades sobre quem é responsável pelas decisões. Em conseqüência, todo o processo decisório emperra, normalmente em um de quatro gargalos: global *versus* local, matriz *versus* unidade de negócio, função *versus* função e parceiros internos *versus* parceiros externos.

O primeiro desses gargalos – tomada de decisão *global* versus *local* – pode ocorrer em quase todo processo e função de negócio importante. As decisões sobre o desenvolvimento da marca e de produtos freqüentemente caem nessa armadilha, quando as empresas pelejam sobre a questão de quanta autoridade os negócios locais devem ter sobre a adequação de seus produtos para seus mercados. O marketing é outra questão clássica do tipo global *versus* local – quando se questiona se os mercados locais têm poder para fixar preços e as verbas de publicidade.

O segundo gargalo, tomada de decisão da *matriz* versus *unidade de negócio*, tende a afligir as matrizes e suas subsidiárias. As unidades de negócio estão na linha de frente, perto do cliente; o centro enxerga o grande panorama, estabelece as metas amplas e mantém a organização focada em sair vencedora. Onde deve residir o poder de decisão? Por exemplo, a decisão sobre um grande investimento de capital, que pertencerá a uma unidade de negócio, deve ser tomada pela matriz ou pela própria unidade?

*Função* versus *função* é talvez o gargalo mais comum da tomada de decisão. Por exemplo, durante o desenvolvimento de um novo produto, cada fabricante enfrenta o conflito inerente entre o desenvolvimento de produtos e o marketing. Quem deve decidir o quê? As decisões interdepartamentais freqüentemente resultam em soluções ineficazes que nasceram de acordos e que precisam ser revistas constantemente já que, desde o começo do processo, as pessoas certas não foram envolvidas.

O quarto gargalo do processo decisório, *parceiros internos* versus *externos*, tornou-se familiar com o crescimento das subcontratações externas, joint ventures, alianças estratégicas e franchising. Em tais casos, as empresas precisam deixar absolutamente claro quais decisões podem ser tomadas pelo parceiro externo (normalmente são as que se referem à execução da estratégia) e quais devem continuar a ser tomadas internamente (decisões sobre a estratégia em si). No caso de subcontratação externa da fabricação de roupas e de calçados de grife, houve época em que os profissionais de marketing supunham que os fornecedores estrangeiros poderiam ser responsáveis pelas decisões sobre os salários dos empregados e suas condições de trabalho. Grande engano.

## Eliminando os gargalos

O passo mais importante para a eliminação de gargalos na tomada de decisão consiste em estabelecer papéis e responsabilidades claros. Bons tomadores de decisão reconhecem as decisões que realmente importam para o desempenho. Eles analisam criteriosamente quem deve recomendar um caminho específico a seguir, quem deve concordar com essa recomendação, quem deve opinar, quem tem a responsabilidade final pela decisão e quem é responsável pelo acompanhamento do processo que se segue. Eles criam a rotina desse processo e o resultado é melhor coordenação e resposta mais rápida.

As empresas desenvolveram vários métodos para esclarecer os papéis decisórios e alocar responsabilidades. Nós usamos a abordagem denominada RAPID, que evoluiu ao longo dos anos e que ajuda centenas de empresas a desenvolverem diretrizes claras sobre o processo da tomada de decisão. Isso não é uma panacéia (por exemplo, um indivíduo indeciso pode arruinar qualquer bom sistema de tomada de decisão) e é um começo importante. As letras de RAPID representam os principais papéis em qualquer processo decisório, embora não sejam executados exatamente nesta ordem: recomendar, concordar, executar, fornecer input e decidir – a "D". (Veja no final deste capítulo o quadro "Curso básico de tomada de decisões".)

As pessoas que *recomendam* um curso de ação são responsáveis por fazerem uma proposta ou sugerirem alternativas de ação. Elas necessitam de dados e de análise para sustentarem suas recomendações, assim como de bom senso sobre aquilo que é razoável, prático e eficaz.

As pessoas que *concordam* com uma recomendação são as que precisam aprová-la antes de esta poder ser posta em prática. Se vetam uma proposta, elas devem trabalhar com as que fazem as recomendações para que se encontre uma alternativa viável ou, se não chegarem ao consenso, levar o impasse para a pessoa com a D. Para que o processo decisório funcione tranqüilamente, apenas algumas pessoas devem ter tal poder de veto (podem ser os executivos responsáveis pela área jurídica ou os líderes de unidades cujas operações serão afetadas significativamente pela decisão).

As pessoas com a responsabilidade de fornecer *input* são consultadas sobre a recomendação. Seu papel consiste em apresentar os fatos relevantes que são a base de qualquer boa decisão: Quão prática é a proposta? A área de fabricação pode acomodar a mudança de um projeto? Quando há discordância ou pareceres conflitantes, é importante que essas pessoas sejam convocadas para opinar na hora certa. Aquela pessoa (ou pessoas) que fez a recomendação não tem obrigação de agir de acordo com a opinião recebida, porém espera-se que leve-a em consideração – particularmente porque as pessoas que oferecem opiniões são geralmente aquelas que implementarão a decisão. O consenso é uma meta digna, porém existe uma regra que norteia a tomada de decisões: o consenso pode ser um obstáculo à ação ou uma receita para se nivelar a decisão por baixo. Um objetivo mais prático reside em fazer com que todos os envolvidos "comprem" a decisão, mesmo os que discordam dela.*

Eventualmente, uma pessoa *decidirá*. O tomador de decisão é a pessoa responsável por conduzi–la ao fechamento e comprometer a organização para que aja sobre a decisão. Para ser forte e eficaz, a pessoa com a D precisa ter um excelente discernimento de negócios, tem que saber identificar as trocas relevantes de compromissos, deve ter propensão à ação e ser perspicaz em lidar com a organização que executará a decisão.

O papel final neste processo pertence às pessoas que irão *executar* a decisão. Cabe a estas fazer com que a decisão seja implementada pronta e eficazmente. É papel crucial. Muitas vezes, uma decisão executada rapidamente supera uma decisão brilhante implementada lenta ou inadequadamente.

RAPID pode ser usada para ajudar a reformular a maneira como uma organização funciona ou para identificar um único gargalo. Algumas empresas usam a abordagem para as dez ou vinte decisões mais importantes, ou apenas para o CEO e seus subordinados diretos. Outras usam-na em toda a organização – para melhorar o atendimento aos clientes, esclarecendo, por exemplo, os papéis de decisão na linha de frente. Quando as pessoas vêem um processo decisório eficaz, elas espalham a notícia. Por exemplo, depois que os gerentes seniores** de um grande varejista americano usaram a RAPID para aclarar um conjunto

---

*Nota do Tradutor: A teoria do processo decisório identifica uma dimensão importante de uma decisão tomada: se ela pode ou não ser revertida. Quanto mais "reversível" for uma decisão mais fácil será "vendê-la" para os que se opõem a ela.

** Nota do Tradutor: A expressão "*senior manager*" tem um significado bastante amplo. Ele pode corresponder a um executivo da média (gerente ou supervisor) ou alta gerência (diretor ou vice-presidente), assim como a um membro do Conselho de Administração. Mantive a tradução literal – gestor ou dirigente sênior [gerente ou executivo sênior] – que em português denota conceito semelhante.

particularmente delicado de decisões corporativas, eles prontamente incorporaram essa metodologia dentro do processo funcional de seus respectivos departamentos.

Para vermos o processo em funcionamento, examinemos a maneira como quatro empresas agiram com relação a seus gargalos de tomada de decisão.

## Global *versus* local

Hoje, cada empresa importante opera em mercados globais, comprando matérias-primas em um lugar, despachando-as em outro e vendendo produtos acabados no mundo inteiro. A maioria tenta construir presença e expertise local, buscando, ao mesmo tempo, alcançar economias de escala. Em um ambiente desses, a tomada de decisões está longe de ser clara. As decisões freqüentemente atravessam os limites entre os gerentes globais e locais e, às vezes, passam através de uma camada regional que se situa entre ambos: Quais investimentos facilitarão nossa cadeia de suprimento? Até onde devemos ir na padronização dos produtos ou em sua adaptação para os mercados locais?

O truque na tomada dessas decisões consiste em evitar tornar-se negligentemente global ou excessivamente local. Se a autoridade decisória pende demasiadamente para os executivos globais, as preferências dos clientes locais podem ser facilmente negligenciadas, subvertendo a eficiência e a agilidade das operações locais. Contudo, com autoridade local demasiada, uma empresa possivelmente perderá a crucial economia de escala ou as oportunidades com clientes globais.

Para obter o equilíbrio certo, uma empresa deve reconhecer suas fontes mais importantes de valor e assegurar-se de que os papéis de decisão alinham-se com elas. Esse era o desafio enfrentado por Martin Broughton, o ex-CEO e presidente do conselho da British American Tobacco (BAT), a segunda maior empresa de cigarros do mundo. Em 1993, quando Broughton foi designado CEO, a BAT perdia terreno para seu concorrente mais próximo. Broughton sabia que a empresa precisava obter mais vantagem de sua escala global, mas os papéis de decisão e responsabilidades não estavam alinhados com a meta. Quatro unidades operacionais, geograficamente separadas, funcionavam autonomamente, raramente colaborando e, às vezes, até mesmo competindo entre si. Alcançar consistência entre as marcas globais mostrou-se difícil, e as sinergias de custos entre as unidades operacionais eram esquivas. Os que tinham familiaridade com esse setor brincavam: "Existem sete empresas importantes de cigarros no mundo – e quatro são a British American Tobacco." Broughton jurou que mudaria isso.

O CEO vislumbrou uma organização que tirasse proveito das oportunidades que um negócio global oferece – marcas globais que podiam competir com marcas vencedoras estabelecidas, como a Marlboro, do Grupo Altria; compras globais de matérias-primas importantes, incluindo o tabaco; e maior consistência em inovação e gestão dos clientes. Entretanto, Broughton não quis que a empresa perdesse sua agilidade e o "apetite" competitivo nos mercados locais, mudando demasiadamente o poder de decisão para as mãos dos executivos globais.

O primeiro passo consistiu em esclarecer os papéis para as decisões mais importantes. A área de suprimentos tornou-se um campo de provas. Anteriormente, cada unidade operacional vinha identificando seus próprios fornecedores e negociando os contratos para todos os materiais. Foi montada na matriz uma equipe global de suprimentos, com a autoridade para escolher fornecedores e para negociar preços e qualidade para materiais globais, incluindo tabaco a granel e certos tipos de embalagens. As equipes regionais de compras podiam agora opinar sobre as estratégias globais de materiais, porém, no fim, tinham que implementar as decisões da equipe central. Logo depois que a equipe global assinava contratos com os fornecedores, a responsabilidade migrava para as equipes regionais, que elaboravam com os fornecedores os detalhes de entregas e serviços em suas regiões. Para os materiais que não ofereciam economias em escala global (por exemplo, filtros mentolados para o mercado norte-americano), as equipes regionais retiveram sua autoridade decisória.

À medida que o esforço de remodelar a tomada de decisões em suprimentos ganhava espaço, a empresa decidiu estender o esclarecimento de papéis para todas as suas decisões importantes. Tal processo não era fácil. Uma empresa do tamanho da British American Tobacco possui grande número de partes móveis, e desenvolver um sistema prático para a tomada de decisões exige esforço enorme. Além disso, a autoridade para tomar decisões representa poder, e muitas vezes as pessoas relutavam em abandoná-lo.

É crucial que as pessoas que conviverão com o novo sistema ajudem a criá-lo. Na BAT, Broughton criou grupos de trabalho dirigidos por pessoas escolhidas a dedo, implícita ou explicitamente, que ocupariam papéis de liderança no futuro. Por exemplo, Paul Adams, que acabou substituindo Broughton como CEO, foi encarregado de dirigir o grupo que trataria de reformular a tomada de decisões para marcas e a gestão dos clientes. Na época, Adams era um líder regional dentro de uma das unidades operacionais. Broughton instruiu outros executivos seniores, incluindo alguns de seus subordinados diretos, de que seu papel consistia em fornecer input, e não vetar recomendações. Broughton não cometeu o erro comum de buscar o consenso, algo que freqüentemente constitui um obstáculo para a ação. Em vez disso, deixou claro que o objetivo desses executivos não consistia em mudar o processo de decisão – e, sim, em alcançar uma etapa na qual todos tinham "comprado" a nova maneira de operar, fazendo-o da forma mais eficaz possível.

Os novos papéis de decisão forneceram o fundamento de que a empresa precisava para operar com êxito em uma base global, enquanto retinha flexibilidade no nível local. O foco e a eficiência de sua tomada de decisões refletiram nos resultados da empresa: depois da revisão de seus processos decisórios, a British American Tobacco passou por quase dez anos de crescimento bem acima dos níveis de seus concorrentes, tanto em termos de vendas como de lucros e valor das ações no mercado. A empresa passou a ter uma das ações de melhor desempenho na Grã-Bretanha e reemergiu como participante de destaque global na indústria de cigarros.

## Matriz *versus* unidade de negócio

A primeira regra para se tomar boas decisões consiste em envolver as pessoas certas no nível correto da organização. Para a BAT, a captura das economias de escala exigiu que sua equipe global se apropriasse de alguns poderes de decisão das divisões regionais. Para muitas empresas, uma medida semelhante, que equilibra o poder, acontece entre os executivos da matriz e gerentes nas unidades de negócio. Se decisões demais precisam ser tomadas pelo quartel-general, a tomada de decisão irá lentamente parar. Um problema diverso, porém não menos crítico, ocorre quando decisões que não lhes cabe tomar são elevadas a executivos seniores, seja da matriz seja nas regionais.

Freqüentemente as empresas permitem que esse tipo de problema surja. Em organizações pequenas e médias, uma única equipe de gerentes – às vezes um único líder – trata eficientemente cada decisão importante. Entretanto, quando uma empresa cresce e suas operações tornam-se mais complexas, os executivos seniores não conseguem mais lidar com os detalhes exigidos para se tomar decisões em cada negócio, subsidiária ou filial.

Uma mudança no estilo de administrar, freqüentemente desencadeada pela chegada de um novo CEO, pode criar tensões semelhantes. Por exemplo, em um grande varejista britânico, a equipe sênior estava acostumada que seu fundador tomasse todas as decisões críticas. Quando seu sucessor começou a buscar o consenso em questões importantes, repentinamente a equipe tornou-se insegura de seu papel e muitas decisões foram abandonadas. Trata-se de um cenário comum, mas a maioria das equipes gerenciais e Conselhos de Administração não especifica como a autoridade da tomada de decisão deve mudar quando a empresa muda seus principais executivos.

Uma oportunidade de crescimento trouxe à baila essa questão na Wyeth (na época conhecida como American Home Products) no final dos anos 2000. Por meio do crescimento orgânico, aquisições e associações, a divisão farmacêutica da Wyeth tinha desenvolvido três negócios relativamente grandes: biotecnologia, vacinas e produtos farmacêuticos tradicionais. Apesar de cada negócio ter sua própria dinâmica de mercado, requisitos operacionais e foco das pesquisas, as decisões mais importantes foram empurradas para o grupo de executivos seniores da matriz. "Usávamos generalistas para decidirem todas as questões", disse Joseph M. Mahady, presidente dos negócios norte-americanos e globais da Wyeth Pharmaceuticalo. "Era o sinal de que nós não estávamos obtendo o melhor desse processo decisório."

O problema cristalizou-se para a Wyeth quando os gerentes da divisão de biotecnologia perceberam a oportunidade vital – porém perecível – de estabelecerem posição de vanguarda com o Enbrel, uma promissora droga para artrite reumática. Os concorrentes trabalhavam na mesma categoria de remédio, portanto, a Wyeth precisava mexer-se rapidamente. Isso significava expandir a capacidade de produção, construindo uma nova fábrica, que seria localizada em Castel Business Park, em Dublin, na Irlanda.

Tal decisão era complexa, não importando qual o padrão de avaliação. Uma vez aprovada pelos organismos reguladores, a unidade seria a maior fábrica de biotecnologia no mundo – e o maior investimento de capital jamais empreendido pela Wyeth. No entanto, a demanda máxima para a droga não era fácil de estabelecer. Além disso, a Wyeth planejava vender Enbrel em parceria com a Immunex (agora, parte da Amgen). Portanto, em suas deliberações sobre a fábrica, a Wyeth devia levar em consideração os requisitos para adquirir expertise técnica, as questões da transferência de tecnologia e um ambiente competitivo incerto.

Os inputs para a decisão deslocavam-se para cima lentamente, por meio das percepções de comitês que se sobrepunham, deixando os executivos seniores "famintos" para compreenderem mais detalhadamente as questões envolvidas. Dada a estreita janela de oportunidade, a Wyeth agiu rapidamente, movendo-se em seis meses da primeira olhada no projeto Grange Castle até a sua implementação. Contudo, no meio desse processo, os executivos da Wyeth Pharmaceuticals perceberam a questão maior: a empresa precisava de um sistema que transferisse um maior número de decisões para as unidades de negócio, onde o conhecimento operacional era maior, e que trouxesse para a matriz as decisões que exigiam o input da equipe sênior, como as estratégias de marketing e a capacidade industrial.

Rapidamente, a Wyeth delegou a autoridade por muitas decisões aos gerentes das unidades de negócio, deixando os executivos seniores com o veto em algumas questões mais sensíveis e relacionadas a Grange Castel. No entanto, depois que essa decisão de investimento foi feita, a D para muitas decisões subseqüentes relativas ao negócio Enbrel ficou com Cavan Redmond, vice-presidente executivo e diretor-geral da divisão de biotecnologia da Wyeth, e sua nova equipe gerencial. Redmond reuniu inputs dos gerentes em manufatura biotecnológica, marketing, previsões, finanças e P&D e montou rapidamente os complexos programas necessários para a colaboração com a Immunex. Como sempre fora, a responsabilidade pela execução manteve-se firmemente com a unidade de negócio, porém, agora, Redmond, apoiado por sua equipe, tinha também autoridade para tomar decisões importantes.

Até agora, Grange Castel mostra-se rentável. Enbrel situa-se entre as marcas principais para artrite reumática, com vendas de

$1,7 bilhão no primeiro semestre de 2005. E o "ritmo metabólico" da Wyeth para tomar decisões aumentou. Recentemente, quando a U.S. Food and Drug Administration concedeu status prioritário para a avaliação de outra droga nova, o Tygacil, devido à sua eficácia contra infecções de agentes resistentes a remédios, à Wyeth demonstrou quão ágeis eram seus reflexos. Para que o projeto Tygacil andasse rapidamente, a empresa teve que orquestrar uma série de medidas críticas – refinando a tecnologia do processo, acumulando estoques, assegurando o controle de qualidade e alocando capacidade de produção. As decisões vitais foram tomadas em um ou dois níveis abaixo, na organização de biotecnologia, onde residia a expertise. Mahady disse: "Em vez de debater se podíamos mover seu produto para minha loja, tínhamos os sistemas de decisão funcionando, percorrendo para cima e para baixo as unidades de negócio e progredindo rapidamente com o Tygacil." O remédio foi aprovado pela FDA em junho de 2005 e meros três dias mais tarde a Wyeth o fabricava em quantidade.

### Função *versus* função

As decisões que cruzam as fronteiras das funções são algumas das mais importantes que uma empresa enfrenta. De fato, a colaboração interdepartamental tornou-se um axioma dos negócios, algo essencial para se obter as melhores soluções para a empresa e para seus clientes. Porém, a tomada de decisões sem transtornos por meio de equipes funcionais continua sendo um desafio constante, mesmo nas empresas que sabidamente vão bem, como a Toyota e a Dell. Por exemplo, uma equipe que pensa ser mais eficaz tomar uma decisão sem consultar outras funções pode acabar perdendo inputs relevantes ou sendo invalidada por outra equipe que acredita – correta ou erroneamente – que deveria ter sido incluída no processo. Muitas das decisões interfuncionais mais importantes são, por sua própria natureza, as mais difíceis de se orquestrar, e isso pode estender o processo, levando a disputas entre feudos ou a indecisões custosas.

O tema aqui consiste na falta de clareza sobre quem tem a D. Por exemplo, em um fabricante global de carros que perdia as datas críticas de lançamento de novos modelos – e pagava o preço na forma de diminuição de suas vendas – verificou-se que os profissionais de marketing e a equipe de desenvolvimento de produtos estavam confusos sobre qual função era responsável por tomar decisões sobre as características padronizadas e a variedade das cores para os novos modelos. Quando perguntamos à equipe de marketing quem detinha a D sobre as características que deveriam ser padrão, 83% responderam que tal decisão cabia aos profissionais de marketing. Quando fizemos a mesma pergunta à equipe de desenvolvimento de produtos, 64% disseram que a responsabilidade era deles. (Veja no fim deste capítulo o quadro "Uma receita para um gargalo na tomada de decisão".)

A dificuldade prática de se conectar as funções para que o processo decisório flua harmoniosamente acontece freqüentemente em varejistas. Espera-se que na John Lewis, a maior rede de lojas de departamentos da Grã-Bretanha, esse tipo de desafio seja superado mais rapidamente do que em outros varejistas. Spedan Lewis, que construiu seu negócio no início do século XX, era um pioneiro no conceito dos empregados serem sócios do negócio. Uma forte ligação entre gerentes e empregados permeava cada aspecto das operações de cada loja e manteve-se como prática vital para a empresa à medida que ela crescia para se tornar o maior negócio dirigido por empregados na Grã-Bretanha, com 59.600 empregados e mais de £5 bilhões em vendas em 2004.

No entanto, mesmo na John Lewis, com sua herança de colaboração e trabalho em equipe, a tomada de decisões interfuncionais pode ser difícil de sustentar. Veja, por exemplo, os moedores de sal e pimenta. A John Lewis, que se orgulha da grande variedade de produtos, estocou quase 50 modelos diferentes de moedores de sal e pimenta, enquanto a maioria de seus concorrentes estocava aproximadamente 20. Os compradores da empresa vislumbravam a oportunidade de aumentar as vendas e reduzir a complexidade do estoque ao oferecer um número menor de produtos populares e bem selecionados em cada categoria de preços e estilos.

Quando a John Lewis lançou a nova linha, as vendas caíram. Isso não fazia sentido aos compradores, até que visitaram as lojas e viram como a mercadoria estava exposta. Os compradores tinham tomado a decisão sem o envolvimento do pessoal de vendas, que, portanto, não entendeu a estratégia por trás da nova seleção. Em conseqüência, os vendedores haviam cortado pela metade o espaço de prateleiras para ajustá-lo à redução do número de itens, em vez de manter o mesmo espaço expondo um número maior de cada produto.

Para resolver o problema de comunicações, John Lewis precisou esclarecer os papéis de decisão. Os compradores receberam a D sobre quanto espaço deveria ser atribuído a cada categoria de produto. No entanto, se a atribuição de espaço não fizesse sentido para o pessoal de vendas, eles tinham a autoridade de trazer à baila a preocupação e forçar uma nova rodada de negociações. Eles também passaram a ter responsabilidade sobre a disposição dos produtos nas lojas. Quando a comunicação foi solucionada e o espaço nas prateleiras restaurado, as vendas dos moedores de sal e pimenta subiram bem acima dos níveis anteriores à primeira mudança.

Conceber um processo de tomada de decisão que conectava as funções de compra e venda para moedores de sal e pimenta era relativamente fácil; muito mais desafiador foi estendê-lo ao negócio todo. Os moedores de sal e pimenta são somente uma entre centenas de categorias de produtos comercializados pela John Lewis. Esse elemento de escala é uma das razões pelas quais não é fácil desfazer gargalos interfuncionais. Funções diferentes possuem incentivos e metas diferentes, que freqüentemente estão em conflito. Quando se trata de uma disputa entre duas funções, é possível que haja boas razões para localizar a D em qualquer uma delas – comprar ou vender, marketing ou desenvolvimento de produtos.

Aqui, como em qualquer outra parte, alguém precisa pensar objetivamente sobre onde se cria o valor e designar papéis de decisão de acordo com esse critério. De fato, a eliminação de gargalos interfuncionais tem menos a ver com o mudar das responsabilidades decisórias entre os departamentos e mais a ver com o assegurar que as pessoas com as informações relevantes sejam permitidas a compartilhá-las. Naturalmente, o tomador de decisões é importante, porém é mais importante projetar um sistema que alinhe a tomada de decisões e torne o processo uma rotina.

## Parceiros internos *versus* parceiros externos

A tomada de decisões dentro de uma organização é muito difícil. Tentar tomar decisões entre organizações separadas em continentes diferentes acrescenta camadas de complexidade que conseguem despedaçar a melhor estratégia. Empresas que subcontratam a fabricação ou serviços em busca de vantagens de custo e de qualidade encaram exatamente esse desafio. Quais decisões devem ser tomadas internamente? Quais podem ser delegadas aos parceiros subcontratados?

Essas perguntas são também relevantes para parceiros estratégicos – por exemplo, um banco global trabalhando com um subcontratado em um projeto de desenvolvimento de sistemas ou uma empresa de comunicações que adquire conteúdo de um estúdio – e para as empresas que conduzem parte de seus negócios por meio de franqueados. Não há nenhuma regra certa a quem deve pertencer a decisão e por quê. No entanto, a abordagem errada consiste em supor que os termos contratuais podem fornecer tal resposta.

Uma empresa de equipamentos para o ar livre, com sede nos Estados Unidos, descobriu isso recentemente quando decidiu aumentar sua produção de aquecedores a gás para quintais voltados ao mercado de menor poder aquisitivo. A empresa teve algum sucesso com a fabricação de produtos de alta qualidade na China, mas, com o advento das redes de lojas com superdescontos, como Wal-Mart, Target e Home Depot, a empresa percebeu que, para poder oferecer a esses varejistas produtos mais em conta, precisava deslocar mais a sua produção para os fabricantes no exterior. O cronograma deixou pouca margem para erros: a empresa começou a enviar ferramentas a seus parceiros em abril e junho de 2004, esperando que o produto acabado estivesse pronto durante o época do Natal.

Imediatamente surgiram problemas. Embora os parceiros chineses de fabricação entendessem de custos, pouca idéia faziam sobre o que queriam os consumidores americanos. Quando os projetos – que eram sofisticados e caros – chegaram da matriz nos Estados Unidos, os gerentes chineses da fabricação arrumaram um jeito de alcançar as metas dos custos contratados. Usaram um material de qualidade mais baixa, que descolorou. Colocaram o interruptor em uma posição que era inconveniente para o usuário, porém mais fácil de construir. Em vez de utilizar certos componentes de material fundido, eles soldaram várias peças que tinham aparência horrível.

Para solucionar esses problemas, os executivos dos Estados Unidos tiveram que delimitar o âmbito de decisão de cada lado do oceano. A empresa dividiu o projeto e o processo industrial em cinco etapas e analisou como as decisões foram tomadas em cada uma delas. A empresa também foi muito mais explícita sobre o que incluiriam as especificações de fabricação e o que se esperava que o fabricante fizesse com elas. O objetivo não era simplesmente esclarecer os papéis de decisão, mas também de assegurar que tais papéis correspondessem diretamente às fontes de valor do negócio. Se uma decisão afetasse a aparência e a sensação tátil do produto acabado, a matriz teria que dar sua aprovação. No entanto, se uma decisão não afetasse a "experiência do cliente",* ela podia ser tomada na China. Se, por exemplo, os engenheiros chineses encontrassem um material mais barato que não comprometesse a aparência, sensação tátil ou a funcionalidade, eles podiam fazer essa mudança por conta própria.

Para ajudar na transição para esse sistema, a empresa colocou uma equipe de engenheiros trabalhando com seus pares na China, visando assegurar uma passagem sem percalços das especificações e para tomarem decisões em questões que tornar-se-iam complexas e que exigissem muito tempo se levadas ao escritório central. Os executivos de marketing no escritório central insistiram que o comprador não deveria levar mais do que dez minutos nem usar mais do que seis passos para montar o produto em casa. Os engenheiros da empresa na China, junto com a equipe chinesa de fabricação, puderam opinar sobre esse requisito de montagem e eram responsáveis por sua execução, mas a D ficou com a matriz e o requisito tornou-se fator importante do projeto. No entanto, as decisões sobre a logística passaram à equipe de projetos na China: eles bolaram uma embalagem dos aquecedores que reduziu em um terço o espaço que ocuparia nos contêineres, barateando, assim, substancialmente, os custos de transporte.

S E OS GERENTES REPENTINAMENTE sentem que gastam menos tempo em reuniões perguntando-se por que estão ali, isso significa que as empresas tornaram-se melhores em tomar decisões. Quando as reuniões começam com um entendimento compartilhado sobre quem é responsável por fornecer input va-

---

* *Nota do Tradutor*: O termo "customer's experience", denota um conceito mercadológico americano. Trata-se do conjunto de "emoções" que um comprador vivencia em todos os estágios que ele percorre na cadeia de compra, e enquanto estiver realizando todas as atividades que envolvem a aquisição de uma mercadoria física ou de um serviço.

lioso e quem detém a D, o "metabolismo" da tomada de decisão da organização recebe um empurrão. Evidentemente que em uma empresa onde as decisões não fluem nenhuma receita singela a transformará em uma empresa ágil em decisões, assim como nenhum plano pode fornecer respostas para todas as contingências e mudanças na condução do negócio que provavelmente a empresa encontrará. As mais bem-sucedidas utilizam um instrumental simples para ajudá-las a reconhecer os gargalos potenciais e para pensar sobre os papéis de decisão e responsabilidades que ocorrem em cada mudança no ambiente de negócios. Isso é difícil de fazer – e ainda mais difícil para os concorrentes copiarem. Porém, tomando algumas medidas muito práticas, qualquer empresa pode tornar-se mais eficaz, começando por sua próxima decisão.

### Curso básico de tomada de decisões

A BOA TOMADA DE DECISÕES depende da designação clara e específica de papéis. Isso parece suficientemente simples, porém muitas empresas têm dificuldades em tomar decisões porque muitas pessoas sentem-se responsáveis – ou ninguém se sente assim. RAPID e outros instrumentos que analisam a tomada de decisão oferecem às equipes de gerência sênior um método para alocar papéis e envolver as pessoas a eles relevantes. O segredo está em deixar claro quem oferecer input, quem deve decidir e quem executa o que foi decidido.

As cinco letras em RAPID correspondem aos cinco papéis críticos na tomada de decisão: recomendar (ou aconselhar), acordar (ou concordar), promover a execução (ou executar), dar input (ou opinar) e decidir (ou tomar a decisão). Como você verá, esses papéis não são executados rigidamente nessa seqüência – nós tomamos alguma liberdade para o bem de uma acrossemia útil.

**Recomendar** (ou aconselhar). As pessoas neste papel são responsáveis por apresentar uma proposta, reunindo input e fornecendo os dados e a análise adequados para se poder tomar uma decisão sensata no momento oportuno. Ao longo do processo de desenvolvimento de uma proposta, aqueles que a recomendarão consultam as pessoas que fornecem inputs [e opinam], não somente ouvindo-as e incorporando seus pareceres, mas também preparando o campo para lhes "vender" idéias e futuras decisões. As pessoas que recomendam devem ter habilidades analíticas, bom senso e inteligência organizacional.

**Acordar** (ou concordar). Os indivíduos neste papel possuem o poder de veto – sim ou não – sobre a recomendação. Ao exercer o veto, eles desencadeiam um debate entre si e o grupo que faz a recomendação que deve conduzir a uma proposta modificada. Se isso leva tempo demais, ou se os dois grupos simplesmente não conseguem chegar a um acordo, eles podem levar a questão à instância da pessoa que tem a D.

**Dar input** (ou opinar). As pessoas são consultadas sobre a decisão. Tendo em vista que normalmente as pessoas que fornecem input estão envolvidas na implementação daquilo que for decidido, aqueles que fazem a recomendação estão muito interessados em levar seu conselho a sério. Nenhum input ou opinião é obrigatório, mas isso não deve diminuir sua importância. Se nesse processo não forem envolvidas as pessoas certas e elas não forem motivadas adequadamente, aumenta a chance de a decisão cambalear durante a implementação.

**Decidir** (ou tomar a decisão). A pessoa com a D é quem toma a decisão formalmente. Para o bem ou para o mal, ela é quem detém a responsabilidade final por aquilo que é decidido, e tem a autoridade para resolver qualquer impasse ao longo do processo de tomada de decisão e para comprometer a organização a colocar a decisão em ação.

**Promover a execução** (ou executar). Tendo a decisão sido tomada, haverá uma pessoa ou um grupo que será responsável por executá-la. Em algumas instâncias, as pessoas responsáveis pela execução poderão ser as mesmas que fizeram a recomendação.

Definir os papéis e designar responsabilidade são passos essenciais, porém a boa tomada de decisão exige também o processo adequado. Regras demais podem fazer o processo sucumbir sob seu próprio peso. O processo mais eficaz é baseado em especificidades, porém suficientemente simples para que sejam adaptadas, caso necessário.

Quando o processo diminui de velocidade geralmente o problema pode ser identificado em uma de três áreas de conflito. A primeira reside na falta de clareza sobre quem tem a D. Se mais de uma pessoa acha que tem autoridade para tomar uma decisão em particular, isso acabará em queda-de-braço. A situação oposta pode ser igualmente danosa: ninguém é responsável por decisões cruciais e o negócio sofre com isso. Em segundo lugar, a proliferação das pessoas que têm o poder de veto pode tornar dura a vida dos que fazem recomendações. Se uma empresa tem gente demais no papel de "concordar", normalmente isso significa que as decisões não são tomadas nos escalões suficientemente mais baixos da organização. Em terceiro lugar, se muitas pessoas oferecem input e opiniões, isso significa que ao menos algumas delas não trazem contribuição expressiva.

## Uma receita para um gargalo na tomada de decisão

EM UM FABRICANTE DE CARROS que analisamos, os profissionais de marketing e o pessoal que desenvolvia os produtos estavam confusos sobre quem era responsável pelas decisões sobre novos modelos.

| Quando perguntamos, "Quem tem o direito de decidir as características básicas?" | Quando perguntamos, "Quem tem o direito de decidir quais cores serão oferecidas ao mercado?" |
|---|---|
| **64%** dos desenvolvedores de produtos disseram: "Nós temos." | **77%** dos desenvolvedores de produtos disseram: "Nós temos." |
| **83%** dos profissionais de marketing disseram: "Nós temos." | **61%** dos profissionais de marketing disseram: "Nós temos." |

Não surpreende que os novos modelos saíssem atrasados.

## A organização orientada para decisões

A CARACTERÍSTICA QUE DEFINE organizações de alto desempenho é a capacidade de tomar boas decisões e fazer com que estas sejam implementadas rapidamente. As empresas que realizam isso tendem a seguir alguns princípios claros.

**Algumas decisões têm mais peso do que outras.** As decisões que são cruciais para agregar valor ao negócio são as que importam mais. Algumas serão as grandes decisões estratégicas, porém igualmente importantes são as decisões operacionais críticas que norteiam o dia-a-dia e são vitais para a execução eficaz das tarefas correlatas.

**A meta é a ação.** A boa tomada de decisões não acaba com uma decisão; acaba com sua implementação. O objetivo não deve ser obter o consenso, que freqüentemente torna-se um obstáculo para a ação, mas, sim, a "venda" da alternativa escolhida para os envolvidos em sua implementação.

**A ambigüidade é o inimigo.** A clara atribuição de responsabilidades é essencial: Quem contribui com inputs, quem toma a decisão e quem a executa? Sem tal clareza, obstáculos e demoras são os resultados mais prováveis. Esclarecer não significa necessariamente concentrar a autoridade em algumas pessoas; significa definir quem tem a responsabilidade por tomar decisões, quem deve dar input e quem está encarregado de pôr a implementação em andamento.

**A velocidade e a adaptabilidade são cruciais.** Uma empresa que toma boas decisões rapidamente tem um "metabolismo" mais alto que lhe permite agir em oportunidades e superar obstáculos. Os melhores tomadores de decisão criam um ambiente no qual as pessoas podem se reunir rapidamente e eficazmente para tomarem as decisões mais importantes.

**Os papéis de decisão prevalecem sobre o organograma da organização.** Nenhuma estrutura de tomada de decisões será perfeita para toda decisão. O segredo consiste em envolver as pessoas certas no nível certo dos setores certos da organização no momento adequado.

**Uma organização bem alinhada reforça os papéis.** Papéis de decisão claros são críticos, mas não são suficientes. Se uma organização não reforça a abordagem correta para a tomada de decisões por meio de medidas, atitudes e incentivos, fluxos de informações e cultura, o comportamento não adentrará em sua rotina.

**Praticar supera a pregação.** Envolva em seu projeto as pessoas que conviverão com os novos papéis de decisão. O próprio processo de pensar sobre novos comportamentos de decisão motiva as pessoas a adotá-los.

## Um diagnóstico de decisão

PENSE SOBRE AS ÚLTIMAS TRÊS decisões importantes nas quais você esteve envolvido e pergunte-se o seguinte:

1. As decisões foram corretas?
2. Elas foram tomadas na velocidade adequada?
3. Foram bem executadas?
4. As pessoas certas foram envolvidas da maneira correta?
5. Para cada decisão ficou claro:
    - Quem recomendaria uma solução?
    - Quem forneceria input?
    - Quem teve a palavra final?
    - Quem seria responsável pela implementação?
6. Os papéis de decisão, processo e cronogramas foram respeitados?
7. As decisões foram baseadas em fatos adequados?
8. Levando em consideração que havia fatos ou opiniões divergentes, ficou claro quem detinha a D?
9. Os tomadores de decisão situavam-se no nível adequado da empresa?
10. As medidas e incentivos da organização encorajaram as pessoas envolvidas para tomarem as decisões corretas?

# Administração baseada em evidência

JEFFREY PFEFFER E ROBERT I. SUTTON

### Resumo executivo

NA MAIORIA DAS VEZES, os gestores, ao quererem curar os males de suas organizações, fiam-se em conhecimento obsoleto que adquiriram na faculdade, por meio de tradições antigas, porém nunca comprovadas, exemplos coletados de sua experiência, métodos em cuja aplicação são habilidosos e informações de vendedores. Eles poderiam aprender uma ou duas coisas dos praticantes da medicina baseada em evidência, um movimento que ao longo da década passada tomou de assalto o establishment médico. Um número crescente de médicos passou a evitar os recursos e as técnicas corriqueiras e imperfeitas e, em vez disso, identificam, disseminam e aplicam a pesquisa realizada com seriedade e que seja clinicamente relevante. É hora de os administradores fazerem a mesma coisa.

De maneira simplificada, o desafio consiste em basear as decisões no conhecimento mais recente daquilo que funciona. De certa maneira, isso é mais difícil de fazer nos negócios do que na medicina. A evidência é mais fraca nos negócios; quase qualquer um pode (e muitas pessoas o fazem) reivindicar ser um especialista em administração, e uma diversificada série de fontes – Shakespeare, Billy Graham, Jack Welch, Átila, o Huno – é utilizada para gerar aconselhamento em matérias da administração. Apesar disso, faz sentido que, quando os administradores agem fundamentados em lógica melhor e forte evidência, suas empresas superarão a concorrência.

Como a medicina, a administração é aprendida por meio da experiência e da prática. A despeito disso, os administradores (assim como os médicos) podem praticar seu ofício com mais eficácia se incessantemente procuram novos conhecimentos e insights, tanto dentro como fora de suas empresas, para que, assim, continuem atualizando suas suposições, habilidades e conhecimento.

NA DÉCADA PASSADA, UMA audaciosa nova maneira de pensar tomou de assalto o establishment médico: a idéia de que decisões em cuidados médicos devem ser baseadas no mais recente e melhor conhecimento daquilo que realmente funciona. O dr. David Sackett, a pessoa mais associada com a *medicina baseada em evidência,* define-a como "a utilização mais conscienciosa, explícita e judiciosa da melhor evidência atual em tomar decisões sobre os cuidados a dar a cada paciente individual". Sackett, seus colegas na McMaster University, em Ontário, no Canadá, e um número crescente de médicos, unindo-se a esse movimento, estão comprometidos a identificar, disseminar e, o que é mais importante, aplicar a pesquisa conduzida criteriosamente e que seja clinicamente relevante.

Se tudo isso parece risível – afinal das contas, o que mais além da evidência *orientaria* as decisões médicas? – então você é tremendamente ingênuo quanto à maneira como os médicos têm tradicionalmente exercido a profissão. Sim, a pesquisa existe lá fora – milhares de estudos são realizados a cada ano sobre as práticas médicas e os produtos medicamentosos. Infelizmente, os médicos usam muito pouco deles. Estudos recentes demonstram que apenas aproximadamente 15% de suas decisões são baseadas em evidência. Em vez disso, na maioria das situações, aqui está no que os médicos se apóiam: conhecimento obsoleto adquirido na faculdade, tradições antigas porém nunca comprovadas, exemplos adquiridos de sua experiência, métodos nos quais confiam e em cuja aplicação são mais habilidosos e informações de uma multidão de vendedores com produtos e serviços para vender.

O mesmo comportamento ocorre com administradores que querem curar os males de suas organizações. De fato, argumentaríamos que os administradores são realmente muito mais ignorantes do que os médicos sobre quais fórmulas são de confiança – e são menos ávidos para descobri-las. Se os médicos praticassem a medicina como muitas empresas praticam a administração, haveria um número bem maior de pacientes desnecessariamente doentes ou mortos e muito mais médicos na cadeia ou recebendo outras punições por negligência.

É hora de começar um movimento baseado em evidência nas fileiras dos administradores. Reconhecidamente, de alguma maneira, o desafio aqui é maior do que na medicina. (Veja no final deste capítulo "O que torna difícil basear-se em evidências?".) A evidência é mais fraca; quase qualquer um pode (e muitas vezes o faz) reivindicar ser um especialista em administração; e uma série atordoante de fontes – Shakespeare, Billy Graham, Jack Welch, Tony Soprano, pilotos de caça, Papai Noel, Átila, o Huno – são utilizadas para gerar aconselhamentos em administração. Os administradores, ao procurarem a melhor evidência, enfrentam também um problema mais irritante do que os médicos: tendo em vista que as empresas, quando comparadas aos seres humanos, variam tão amplamente em tamanho, forma e idade, é muito mais arriscado em negócios presumir que uma "cura" comprovada, desenvolvida em determinado lugar, será eficaz em outra parte.

Ainda assim, faz sentido que, quando os administradores agem fundamentados na melhor lógica e evidência, suas empresas vencerão a concorrência. Esse é o motivo pelo qual dedicamos nossas carreiras todas de pesquisa, especialmente os últimos cinco anos, em trabalhar para desenvolver e fazer aparecer a melhor evidência em como as empresas devem ser administradas e ensinando a seus gestores a mentalidade correta e os métodos para praticar a administração baseada em evidência. Como acontece na medicina, a administração é, e possivelmente sempre será, um ofício que só pode ser aprendido por meio da prática e da experiência, porém, acreditamos que os administradores (assim como os médicos) podem praticar a profissão com mais eficácia se forem orientados rotineiramente pela melhor lógica e evidência – e se procurarem incessantemente novos conhecimentos e insights tanto dentro como fora de suas empresas, para continuarem a atualizar suas suposições, conhecimento e habilidades. Não chegamos a isso ainda, mas estamos mais próximos de tal meta. Os administradores e as empresas que chegam mais próximo a ela já gozam de vantagem competitiva evidente.

## O que passa por sabedoria

Se um médico ou um administrador toma uma decisão que não é baseada na melhor evidência existente sobre o que pode funcionar, então, de quem é a culpa? É tentador pensar no pior. Estupidez. Preguiça. Puro engano. Mas, de fato, a resposta é menos condenatória. Às vezes, médicos experientes negligenciam buscar nova evidência porque confiam mais em sua própria experiência clínica do que em pesquisa. A maioria admitiria existirem deficiências com o pequeno tamanho da amostra que caracteriza sua observação pessoal, porém, não obstante a informação adquirida em primeira mão, freqüentemente parece ser mais rica e mais próxima do conhecimento verdadeiro do que as palavras e dados publicados em um artigo de revistas especializadas. Do mesmo modo, uma porção de gestores coloca suas empresas em dificuldades por importar, sem pensar suficientemente, práticas de gestão e de mensuração do desempenho baseadas em experiência passada. Vimos isso em uma pequena empresa de software, na qual o responsável pelo comitê de compensação, um executivo bem-sucedido e inteligente, recomendou as políticas de remuneração que tinha utilizado em seu último emprego. O fato de as duas empresas serem tremendamente diferentes em tamanho, venda de tipos diferentes de softwares, métodos distintos de distribuição e atenderem a mercados e clientes diferentes não pareceu incomodá-lo nem a muitos de seus colegas do comitê.

Uma alternativa para usar a evidência consiste em tomar decisões que aproveitam os próprios conhecimentos do médico. Isso é um problema especialmente com aqueles especialistas que por princípio utilizam tratamentos com os quais têm maior familiaridade, experiência e habilidade. Os cirurgiões são notórios nisso. (Um médico e autor, Melvin Konner, cita uma piada comum entre seus colegas: "Se você quer ser operado, pergunte a um cirurgião se precisa disso.") Analogamente, se seu negócio precisa descobrir clientes em potencial, possivelmente seu planejador de eventos recomendará um evento, e seus especialistas em marketing direto provavelmente recomendarão uma mala direta. O velho ditado: "Para um martelo tudo parece um prego" muitas vezes explica o que é feito.

Evidentemente, os modismos e o marketing também influenciam as informações que alcançam um profissional liberal ocupado. Os médicos são sujeitos à interminável ação de vendedores, que deturpam os fatos, exagerando os benefícios e subestimando os riscos do uso de suas drogas e outros produtos. Ao mesmo tempo, algumas soluções verdadeiramente eficazes não são defendidas e popularizadas. Durante anos, clínicos gerais enviavam pacientes com verrugas plantares para especialistas que realizavam procedimentos cirúrgicos caros e dolorosos. Há muito pouco tempo começou a se divulgar o fato de as *duct tapes*\* resolverem o problema de forma tão adequada quanto a cirurgia.

---

\**Nota da Editora*: *Duct tape*, fita pato, em português, é assim denominada devido às suas propriedades: é à prova d'água e de umidade.

Muitas outras decisões são orientadas por dogma e crença. Quando as pessoas são demasiadamente influenciadas por ideologia, muitas vezes não questionam se uma prática funcionará – pois ela se encaixa tão bem naquilo que elas "sabem" fazer as outras pessoas e organizações funcionarem. No mundo dos negócios, o uso e a defesa da prática de conceder opções de ações, considerada estratégia eficiente de remuneração, parece encaixar-se nessa categoria de crenças prezadas e que se sobrepõem à evidência, com prejuízos para as organizações. Muitos executivos afirmam que as opções de ações produzem uma cultura na qual os funcionários sentem-se "sócios" da empresa, algo que encoraja 80 horas extras por semana, frugalidade no uso do dinheiro da empresa e uma porção de sacrifícios pessoais que vão ao encontro dos interesses da criação de valor. T.J. Rodgers, CEO de Cypress Semicondutor, caracteriza essa mentalidade. Ele disse para a *San Francisco Chronicle* que, sem opções: "Eu não teria mais funcionários-acionistas, apenas funcionários." Na verdade, existe pouca evidência de que os incentivos com base na participação patrimonial de qualquer espécie, incluindo as opções de ações, aumentam o desempenho organizacional. Uma revisão recente de mais de 220 estudos, compilada por Dan R. Dalton e seus colegas da Indiana University, concluiu que a participação patrimonial não produziu quaisquer efeitos consistentes sobre o desempenho financeiro das empresas analisadas.\*

A ideologia é também culpada pela persistência do mito da vantagem da empresa pioneira. Pesquisa feita por Lisa Bolton, da Wharton University, demonstra que a maioria das pessoas – experientes em negócios ou ingênuas – acredita que a primeira empresa a entrar em um novo setor ou mercado terá grande van-

---

\**Nota do Tradutor:* Um dos mais cobiçados benefícios nas corporações americanas é a "opção por ações" (*stock options*). Os funcionários contemplados com tal regalia podem adquirir as ações da empresa por seu valor nominal – geralmente um dólar – e, depois de determinado tempo, vendê-las pelo valor do mercado. Os lucros costumam ser astronômicos.

tagem sobre seus concorrentes. No entanto, a evidência empírica é realmente bem diversa quanto a se tal vantagem realmente existe, e muitas "histórias de sucessos", que pretendiam sustentar a tese da tal vantagem do pioneiro mostraram ser falsas. (Por exemplo, a Amazon.com não foi a primeira empresa a começar a vender livros na internet.) Na cultura ocidental, as pessoas acreditam que "Deus ajuda quem cedo madruga", mas isso é uma meia-verdade. Como o futurista Paul Saffo diz, a verdade toda é que, muitas vezes, o segundo (ou terceiro ou quarto) camundongo é aquele que recebe o queijo. Infelizmente, as crenças no poder de ser o primeiro e o mais rápido em tudo que fazemos são tão enraizadas que de nada adianta apresentar evidências contraditórias, pois não fará as pessoas abandonarem sua fé na vantagem de ser o primeiro. As crenças enraizadas em ideologia ou em valores culturais são bastante "grudentas", resistem à negação e persistem, afetando o juízo de valor e a escolha, sem levarem em conta se são verdadeiras.

Finalmente, há o problema da emulação sem crítica e seu equivalente nos negócios: o chamado "benchmarking casual". Tanto os médicos quanto os administradores olham para seus pares mais bem-sucedidos em seu campo e tentam imitá-los. Não estamos condenando o benchmarking em geral – ele pode ser instrumento poderoso e econômico. (Veja, no final do capítulo, "O benchmarking pode produzir evidência?".) Porém é importante ter em mente que se você apenas copiar aquilo que outras pessoas ou empresas fazem, o melhor que você poderá ser é uma imitação perfeita delas. Portanto, o melhor que se pode esperar obter são práticas tão boas, mas não melhores, do que as desses executores – e quando você os estiver copiando, eles já se adiantaram. Isso não é necessariamente uma coisa ruim, já que você pode poupar tempo e dinheiro aprendendo com a experiência dos outros, seja dentro ou fora de seu setor. E se implementar consistentemente as melhores práticas de seus rivais, você vencerá a concorrência.

No entanto, o benchmarking prejudica a organização quando utilizado em sua forma "casual", na qual não se entra no mérito da lógica por trás daquilo que funciona para os mais bem-sucedidos, analisando-se por que ela funciona e o que funcionará em outras situações ou empresas. Veja um rápido exemplo. Quando, em 1994, a United Airlines decidiu tentar competir com a Southwest no mercado da Califórnia, ela tentou imitar a Southwest. A United criou um novo serviço, "Shuttle by United", com tripulações e aviões separados (todos Boeings 737). O pessoal de terra e as aeromoças usavam roupas informais. Não eram servidas refeições aos passageiros. Querendo emular as legendárias rotatividade e produtividade da Southwest, o serviço "Shuttle by United" aumentou a freqüência de seus vôos e reduziu a permanência em terra de seus aviões. Entretanto, nada disso reproduziu a essência da vantagem da Southwest – a cultura e a filosofia de administração da empresa, e a prioridade que ela depositava em seus empregados. Depois que a United tinha lançado seu novo serviço, a Southwest acabou tendo participação ainda maior no mercado da Califórnia. E a "Shuttle by United" despencou.

Acabamos de sugerir nada menos do que seis substitutos que os administradores, assim como os médicos, usam freqüentemente como a melhor evidência – conhecimento obsoleto, experiência pessoal, habilidades do especialista, modismos, dogmas ou crenças e a imitação descuidada do que fazem os executores excepcionais – portanto, talvez fique evidente por que a tomada de decisões com base em evidência seja tão rara. Ao mesmo tempo, deve ter ficado claro que confiar em qualquer um desses seis não é a melhor maneira de pensar ou decidir nas profissões mencionadas. Em breve descreveremos como a administração baseada em evidência surge nas empresas onde a vimos sendo praticada. Antes, porém, é útil expor um exemplo do tipo de questões que as empresas podem tratar utilizando melhor evidência.

## Um exemplo: Devemos adotar a classificação forçada?

O processo de tomada de decisão utilizado no Oxford Centre for Evidence-Based Medicine começa com um crucial primeiro passo – a situação com a qual o médico se defronta precisa ser circunscrita a uma pergunta respondível. Isso deixa claro como compilar evidência relevante. Portanto, fazemos o mesmo aqui, colocando uma pergunta que tantas empresas encararam em anos recentes: Devemos adotar para os nossos funcionários a prática de avaliação e reconhecimento do desempenho denominada "classificação forçada"? A pergunta refere-se àquilo que a General Electric chama mais formalmente de um sistema de classificação de desempenho de curva forçada (*forced-curve performance-ranking system*). É uma abordagem de gestão do talento no qual os níveis de desempenho dos indivíduos são representados graficamente sobre uma curva de Gauss. Dependendo de sua posição na curva, os funcionários são classificados em grupos, com talvez os melhores 20%, os chamados *players* A, recebendo enormes recompensas; os 70% do meio, os *players* B, sendo apontados para serem desenvolvidos; e os restantes 10%, os *players* C, de menor performance, sendo aconselhados ou demitidos.

Sem dúvida, essa pergunta surgiu em muitas empresas envolvidas em benchmarking. A General Electric obtinha grande sucesso financeiro e parecia bem provida de empregados excepcionais. Os egressos da GE tornaram-se CEOs em muitas outras empresas, incluindo 3M, Boeing, Intuit, Honeywell e Home Depot. Os sistemas que oferecem as maiores recompensas para empregados excepcionais também foram demasiadamente divulgados em publicações de negócios – por exemplo, no livro *A guerra pelo talento*. Porém, isso está longe de evidenciar que a prática vale a pena ser imitada. Não é apenas a infame Enron – muito elogiada em *A guerra pelo talento* – que nos faz afirmar isso. Há alguns anos, um de nós deu uma palestra em uma famosa, porém decadente, empresa de alta tecnologia que usou a classificação forçada (nessa empresa ela era chamada *stacking system*). Um executivo sênior contou-nos que houve na empresa uma enquete anônima, conduzida entre seus 100 altos executivos, para descobrir quais práticas da empresa tornavam difícil converter o conhecimento em ação. O tal "sistema empilhador" foi votado como sendo o maior impeditivo.

A administração baseada em evidência teria evitado que essa empresa adotasse esse programa profundamente impopular? Pensamos que sim. Em primeiro lugar, os altos executivos teriam imediatamente se perguntado se sua empresa era suficientemente parecida com a GE sob vários aspectos e para que se pudesse esperar que tal prática funcionasse em sua empresa da mesma maneira. Depois, teriam sido compelidos a dar uma olhada mais criteriosa nos dados que presumivelmente suportavam a classificação forçada – a alegação de que esse estilo de administração do talento realmente tornava mais bem-sucedidos os seus adeptos. Portanto, por exemplo, talvez tivessem notado deficiência fundamental no método de pesquisa de *A guerra pelo talento*: os autores informam no Apêndice do livro que as empresas pesquisadas foram inicialmente classificadas como executoras de alto ou médio desempenho, com base no retorno aos acionistas durante os três a dez anos anteriores; depois foram conduzidas entrevistas e pesquisas para medir como essas empresas enfrentavam as "guerras pelo talento". O estudo, então, verificou suas práticas de administração em 1997, chegando à conclusão que em 77 empresas (das 141 analisadas) essas práticas foram a "causa" de seu firme [e bom] desempenho entre 1987 e 1997. O estudo, portanto, transgride uma condição fundamental de causalidade: a causa proposta deve ocorrer *antes* do efeito proposto.

Em seguida, esses administradores teriam coletado mais evidência e ponderado o negativo contra o positivo. Fazendo isso, teriam encontrado abundante evidência de que o desempenho melhora com a continuidade de equipes e o tempo em que as pessoas permanecem em um cargo – dois motivos para evitar a agitação causada por aquilo que fora chamado a abordagem "*rank and yank*".* Pense na Equipe Nacional de Futebol Feminino, que ganhou diversos campeonatos, incluindo dois dos quatro campeonatos mundiais femininos e dois dos três torneios olímpicos para mulheres. A equipe certamente teve jogadoras tremendamente talentosas, como Mia Hamm, Brandi Chastain, Julie Foudy, Kristine Lilly e Joy Fawcett. No entanto, todas essas jogadoras lhe dirão que o mais importante fator para seu sucesso foi a comunicação, entendimento e respeito mútuos e capacidade de trabalharem juntas, algo que se desenvolveu ao longo dos mais ou menos 13 anos durante os quais o grupo básico e estável jogou junto. O poder de tal experiência em conjunto foi comprovado em cada cenário examinado, desde os quartetos de cordas a equipes cirúrgicas, passando por equipes de executivos seniores até as tripulações das cabines de aviões.

Se os gestores naquela empresa de tecnologia tivessem revisado a melhor evidência, também teriam descoberto que em trabalho que exige colaboração (como quase toda tarefa em sua empresa o exige), o desempenho é afetado quando existe um grande diferencial entre as pessoas mais e menos bem pagas – apesar de o sistema de classificação forçada dar a parte do leão para os de mais alto desempenho ser sua característica de maior destaque. Em um estudo de 102 unidades de negócio, realizado na Haas School of Business, por Douglas Cowherd e David Levine, descobriu-se que quanto maior fosse o diferencial entre os salários dos executivos principais e os dos outros empregados

---

*Nota do Tradutor: Rank and yank é um novo jargão no mundo dos negócios que literalmente significa "classificar e arrancar". O termo nasceu com a metodologia de avaliação de desempenho inventada na GE, que os autores chamam de "classificação forçada" e que na GE é conhecida por "curva da vitalidade" (*vitality curve*). Em síntese, o processo consiste em classificar (*rank*) os empregados, comparando entre si o seu desempenho e depois demitir (este é o *yank*) aqueles 10% que obtiverem as mais baixas pontuações.

tanto mais baixa era a qualidade dos respectivos produtos. Efeitos negativos semelhantes foram encontrados em estudos longitudinais da dispersão de salários em equipes de executivos seniores, nas universidades e em uma amostra de quase 500 sociedades anônimas. E em uma pesquisa recente da Novations Group entre 200 profissionais de recursos humanos em empresas com mais de 2.500 empregados, e apesar de mais da metade dessas empresas estar aplicando a classificação forçada, os respondentes informaram que essa abordagem resultou em produtividade mais baixa, injustiças, ceticismo, diminuição do comprometimento dos empregados, cooperação reduzida, estragos para o moral e desconfiança nos principais executivos. Podemos encontrar uma porção de consultores e gurus que elogiam o poder da dispersão de salários, porém não conseguimos achar um estudo criterioso que sustente seu valor em cenários onde a cooperação, a coordenação e as informações compartilhadas sejam cruciais para o desempenho.

Os efeitos negativos de salários altamente dispersos podem ser percebidos até mesmo nos esportes profissionais. Os estudos das equipes de beisebol são especialmente interessantes porque entre todos os esportes profissionais importantes o beisebol exige a menor coordenação entre os membros de uma equipe. Assim mesmo o beisebol exige alguma cooperação – por exemplo, entre os lançadores e os apanhadores e entre os que defendem o campo. Embora sejam batedores individuais os que batem na bola, seus colegas no campo podem ajudar uns aos outros a melhorarem suas habilidades. Matt Bloom do Notre Dame realizou um estudo cuidadoso de 1.500 jogadores profissionais de beisebol de 29 times ao longo de oito anos. Esse estudo demonstrou que jogadores das equipes em que a dispersão salarial era maior apresentavam resultados mais fracos e menor número de vitórias.

Finalmente, uma abordagem baseada em evidência teria revelado dados sugerindo que os *players* medianos podem ser extremamente produtivos e que os *players* A, dependendo do sistema no qual trabalham, podem cometer erros e dar-se mal. Mais de 15 anos de pesquisas na indústria automobilística oferecem evidência irrefutável sobre o poder do trabalho em grupos *versus* o talento individual. John Paul MacDuffie, de Wharton, combinou estudos quantitativos de cada fábrica de carros no mundo com estudos de casos profundamente analisados para entender por que algumas fábricas são mais eficazes do que outras. MacDuffie descobriu que sistemas de produção simples ou flexíveis – com ênfase nas equipes, treinamento e rotação do trabalho e sem enfatizar diferenças de status entre os funcionários – produziam carros de qualidade mais alta a custo mais baixo.

## Tornando-se uma empresa de administradores baseados em evidência

Uma coisa é acreditar que as organizações teriam melhor desempenho se seus executivos conhecessem e aplicassem a melhor evidência, outra coisa é colocar essa convicção em prática. Reconhecemos quão difícil é para os gestores e executivos seniores realizarem seus trabalhos. As exigências para decisões são inexoráveis, as informações são incompletas e mesmo os melhores executivos cometem muitos erros e sofrem constantemente críticas e questionamentos das pessoas de dentro e de fora das suas empresas. Nesse sentido, os administradores são como os médicos que encaram uma decisão após a outra: talvez não consigam acertar todas as vezes. Hipócrates, o famoso grego que escreveu o juramento dos médicos, descreveu bem o impasse: "A vida é curta, a arte é longa, as oportunidades desaparecem, a experimentação é traiçoeira, o bom senso é difícil."

Os hospitais-escola que abraçam a medicina baseada em evidências tentam superar tais obstáculos à sua aplicação oferecendo treinamento, tecnologias e práticas de trabalho para que suas equipes possam levar aos leitos de seus pacientes os resultados críticos dos melhores estudos correlatos com suas doenças. O equivalente deveria ser feito no campo da administração, porém, é também fundamental entender que a administração baseada em evidência, assim como a medicina, pressupõe a existência de uma mentalidade distinta que, por vezes, entra em conflito com a maneira como muitos executivos e empresas operam. Ela caracteriza uma boa vontade de colocar de lado crenças e a sabedoria convencional – aquelas meias-verdades perigosas que tantos abraçam – substituindo-as com um firme comprometimento de reunir os fatos necessários para tomar decisões mais bem informadas e inteligentes.

Sendo um líder em sua organização, você pode começar a incentivar imediatamente uma abordagem baseada em evidência fazendo algumas coisas simples que refletem a mentalidade adequada. Se, a cada vez que uma mudança for proposta, você exigir evidência de sua eficácia, as pessoas tomarão conhecimento dessa sua mudança de atitude. Se você dedicar tempo para avaliar a lógica dessa evidência, as pessoas tornar-se-ão mais disciplinadas em sua própria maneira de pensar. Se você tratar a organização como um protótipo inacabado e encoraja programas de testes, estudos piloto e a experimentação – e recompensar o aprendizado adquirido por meio dessas atividades, mesmo quando algo novo fracassar – ela começará a desenvolver sua própria base de evidências. E se você continua a estudar enquanto age com o melhor conhecimento que tiver e espera que seus funcionários façam o mesmo – se você tem aquilo que foi chamada "a atitude da sabedoria" – então a sua empresa poderá se beneficiar da administração baseada em evidência assim como você se beneficia dos "ensaios bem conduzidos via tentativas e erros" e do aprendizado que ocorre em conseqüência.

## EXIJA EVIDÊNCIA

Quando se trata de dar o tom da administração baseada em evidência, encontramos poucos CEOs no mesmo nível de Kent

Thiry, CEO da DaVita, uma empresa de $2 bilhões que opera centros de diálise, com quartel-general em El Segundo, na Califórnia. Thiry começou a trabalhar na DaVita em outubro de 1999, quando a empresa estava em atraso com seus empréstimos bancários, mal podia pagar sua folha de pagamento e estava próxima à falência. Grande parte de seu esforço de dar a volta por cima consistiu em educar as administradoras de centros, muitas delas enfermeiras, no uso de dados para orientar decisões.

Para garantir que a empresa tivesse as informações necessárias para avaliar as operações, a equipe de direção sênior e Harlan Cleaver, o principal executivo da área técnica da DaVita, foram inexoráveis em construir e instalar sistemas que ajudassem os gestores em todos os níveis a monitorar o progresso. Um dos lemas do Thiry é: *"No brag, just facts."* ("Sem glória, só fatos.") Quando ele se ergue na Academia DaVita, em uma reunião de aproximadamente 400 dos empregados principais de toda a organização, e declara que a empresa apresenta a melhor qualidade de tratamento em seu setor, essa afirmação é substanciada com comparações quantitativas específicas.

Grande parte da cultura da empresa está em seu compromisso com a qualidade dos cuidados aos pacientes. Para reforçar esse valor, os gestores sempre começam seus reportes e reuniões com dados sobre a eficácia dos tratamentos de diálise na saúde e bem-estar dos pacientes. E cada administrador de centro recebe mensalmente um relatório de oito páginas que mostra o número de medidas da qualidade dos cuidados, que são resumidos no chamado Índice DaVita de Qualidade. Essa ênfase sobre a evidência também se estende às questões administrativas – os administradores recebem informações sobre as operações, incluindo o número de tratamentos por dia, índice de retenção de funcionários, a retenção dos pacientes particulares que pagam mais e uma série de outros dados sobre a utilização dos recursos, como horas de trabalho por tratamento e despesas controláveis.

O mais interessante sobre esses relatórios mensais são as informações que ainda *não foram* incluídas. O COO da DaVita, Joe Mello, explicou que se um dado particular é considerado importante, mas ainda faltam meios para coletá-lo, mesmo assim ele é incluído no relatório, com a anotação "não disponível". Ele disse que a menção persistente de mensuradores importantes que faltam motiva a empresa a encontrar maneiras de reunir essas informações.

Muitos aspectos impressionantes das operações da DaVita contribuíram para o sucesso da empresa evidenciado pela diminuição em 50% no turnover voluntário, sua qualidade "melhor–do–setor" de cuidados aos pacientes e resultados financeiros excepcionais. No entanto, a ênfase na tomada de decisão baseada em evidência, dentro de uma cultura que reforça dizer a verdade sobre como as coisas estão indo, é certamente outro componente crucial.

## EXAMINE A LÓGICA

Simplesmente pedir que sejam apresentados dados e informações que corroborem propostas de mudanças é insuficiente para gerar um comprometimento verdadeiro da organização com a administração baseada em evidência, especialmente tendo em vista os problemas que muito atormentam as chamadas pesquisas de negócios. Quando os gestores ou consultores apresentarem seu caso, preste muita atenção às lacunas na apresentação, falta de lógica e inferências. (Veja no final deste capítulo "Você faz parte do problema?".) Isso é particularmente importante porque, na pesquisa em assuntos de administração, é muito mais comum utilizar os dados obtidos a partir dos registros da empresa, correlacionando-os com vários dos resultados obtidos, do que executar pesquisas separadas e independentes. Tal pesquisa "não-experimental" é útil, mas deve se tomar cuidado em examinar a lógica da pesquisa e controlar estatisticamente as possíveis explicações alternativas, algo que aparece até mesmo nos melhores estudos. Gestores que utilizam tal conhecimento devem entender suas limitações e pensar criticamente sobre os resultados.

Quando as pessoas na organização vêem os executivos seniores dedicando seu tempo e energia mental para "desembrulhar" as suposições subjacentes e que formam o fundamento para alguma proposta de política, prática ou intervenção, elas absorvem uma nova norma cultural. Os melhores líderes evitam o problema de aparentarem dúvidas quanto ao trabalho de seus subordinados; preferem usar a sabedoria coletiva e a experiência de suas equipes para examinar se as suposições fazem sentido. Eles se perguntam: "O que teria que ser verdadeiro, seja quanto às pessoas seja em relação às organizações, para que essa idéia ou prática torne-se eficaz? Isso faz sentido para nós?"

As reivindicações feitas por consultores exigem cuidados especiais. Surpreende constatar com que freqüência os "fornecedores de conhecimento em negócios" são enganados ou tentam enganar seus clientes. Por exemplo, admiramos a Bain & Company e acreditamos que ela seja bastante capaz de produzir uma boa pesquisa. Perguntamo-nos, no entanto, por que a empresa tem em sua homepage uma chamada, vangloriando-se: "Nossos clientes têm desempenho quatro vezes melhor do que a média do mercado" (há alguns anos, a reivindicação era de três vezes). O vivo pessoal da Bain sabe que essa correlação não comprova que seu aconselhamento transformou seus clientes em executores superiores. Poderia simplesmente ser que os executores superiores têm mais dinheiro para contratar consultores. De fato, qualquer reivindicação que a Bain merece crédito por tal desempenho está visivelmente ausente do site, ao menos a partir de 2005. Talvez se espere que os visitantes esqueçam momentaneamente aquilo que aprenderam em suas aulas de estatística!

## TRATE A ORGANIZAÇÃO COMO UM PROTÓTIPO INACABADO

Para algumas questões em alguns negócios, a melhor evidência pode ser encontrada em casa – entre os próprios dados da empresa e sua experiência, em vez de buscá-la em uma pesquisa mais ampla feita por acadêmicos. As empresas que querem promover a administração baseada em evidência deveriam adquirir o hábito de realizar programas de testes, estudos piloto e pequenos experimentos, e pensar sobre as inferências que deles podem extrair, como feito pelo CEO Gary Loveman da Harrah's (empresa de cassinos e hotéis). Loveman brincou conosco dizendo que atualmente há três maneiras de ser despedido na Harrah's: por roubo, por assédio ou por implantar um programa sem ter antes feito um experimento. Como você esperaria, a experimentação na Harrah's é mais abundante e mais renomada na área de marketing, em que a empresa utiliza dados sobre o comportamento dos clientes e sua reação às promoções. Em uma experiência reportada por Rajiv Lal, da Harrah's, sobre um caso de aprendizado, a Harrah's ofereceu a um grupo de controle um pacote promocional de $125 (um quarto grátis, dois jantares com filé e $30 em fichas do cassino); a um grupo experimental ofereceu somente $60 em fichas. A oferta de $60 gerou maior receita de jogo do que a de $125, e a um custo menor. Loveman queria ver experimentações como essa em todo o negócio, não apenas na área de marketing. Assim, a empresa comprovou que, ao gastar em seleção de pessoas e nos esforços de sua retenção (medidas que incluíam apresentações prévias realistas do trabalho a realizar, aumento do treinamento e sustento da qualidade de supervisão de linha) reduziria o turnover e produziria empregados mais engajados e comprometidos. A Harrah's conseguiu reduzir o turnover do pessoal em quase 50%.

Analogamente, a CEO Meg Whitman atribui muito do sucesso da eBay ao fato de a direção gastar menos tempo em análise estratégica e mais tempo tentando e refinando coisas que talvez pareçam poder funcionar. Como ela disse em março de 2005: "Nosso negócio é completamente novo, portanto, há um limite para a análise que você pode fazer." Em vez disso, Whitman sugere: "É melhor pôr algo lá fora e examinar a reação do mercado corrigindo desvios ao longo do processo. Você pode gastar seis meses aperfeiçoando-o no laboratório... [porém] nós nos damos melhor gastando seis dias para lançar a coisa lá fora, recebendo feedback e, então, aperfeiçoando aquilo que bolamos."

A Yahoo é especialmente sistemática em tratar sua homepage como um protótipo inacabado. Usama Fayyad, principal executivo da área de informática da empresa, destaca que a homepage recebe milhões de visitantes por hora, portanto, a Yahoo pode realizar experiências rigorosas que produzem resultados em uma hora ou menos – alocando, digamos, algumas centenas de milhares de visitantes ao grupo experimental e vários milhões ao grupo de controle. Normalmente a Yahoo tem, mais ou menos, vinte experiências rodando a qualquer momento, manipulando características do site como cores, localização dos anúncios e a posição de textos e botões. Essas pequenas experiências podem resultar em grandes efeitos. Por exemplo, uma experiência realizada por Nitin Sharma, pesquisador em data-mining, revelou que simplesmente mover a caixa de busca do lado para o centro da homepage produziria [um aumento de] "click-throughs"* suficientes para contribuir com milhões de dólares por ano em receita publicitária.

Uma grande barreira ao uso de experimentações para o desenvolvimento do conhecimento em administração é que as empresas tendem a adotar práticas do tipo "ou-tudo-ou-nada" – ou

---

*Nota do Tradutor: Click-through, literalmente, "número de cliques que passam", mede a quantidade de vezes que os usuários de uma página na internet dão um clique em um banner publicitário. É prática comum hoje em dia cobrar dos anunciantes pelo número de click-throughs, uma vez que isso mede aproximadamente o interesse que os visitantes demonstram em determinado anúncio e também a intensidade do tráfego da página onde esse anúncio é veiculado.

o CEO está por trás da prática, então, todo mundo a leva a efeito ou ao menos diz que faz isso, ou ela absolutamente não é tentada. Essa tendência de fazer as coisas em toda parte ou em lugar algum limita severamente a capacidade de aprender da empresa. Em particular, organizações que operam em várias localidades, como restaurantes, hotéis e fabricantes com múltiplas instalações de manufatura, podem aprender experimentando em locais selecionados e fazendo comparações com situações de "controle". Experimentos de campo em lugares como lanchonetes McDonald's, lojas de conveniência 7-11, Hewlett-Packard e Intel introduziram mudanças em algumas unidades e não em outras para testar os efeitos de incentivos diferenciados, as tecnologias, conteúdo de trabalho mais interessante, escritórios panorâmicos em vez de fechados e até mesmo explicações sobre por que foram implementados cortes nos salários, sendo relatados detalhada e calorosamente (em vez de uma apresentação superficial e fria).

## ABRACE A ATITUDE DA SABEDORIA

Eis aqui outra coisa mais importante (e muito mais ampla) do que qualquer outra diretriz para se poder colher os benefícios da administração baseada em evidência: a atitude das pessoas com relação ao conhecimento em negócios. Pelo menos desde os tempos de Platão as pessoas reconhecem que a sabedoria verdadeira não provém da pura acumulação de conhecimento e, sim, de um respeito salutar pela curiosidade sobre os domínios do conhecimento ainda não conquistado. Não são os sabichões e, sim, aqueles executivos que reconhecem quanto ainda não sabem que melhor levam adiante a administração baseada em evidência. Esses gestores não vivem "congelados" nas inércias de sua ignorância; ao contrário, agem dentro do melhor de seu conhecimento enquanto questionam aquilo que não sabem.

Cultivar o equilíbrio adequado entre a humildade e a determinação é uma enorme meta difícil de atingir, mas uma tática que lhe serve bem consiste em apoiar a educação profissional continuada dos administradores com um comprometimento similar por outras profissões. O Centro para a Medicina Baseada em Evidência diz que a identificação e aplicação de estratégias eficazes para o aprendizado pela vida toda são a chave para que isso aconteça aos médicos. Seguramente, as mesmas coisas são críticas para a administração baseada em evidência.

Outra tática consiste em encorajar a inquirição e a observação mesmo quando faltar a evidência rigorosa e a pessoa sentir-se compelida a agir rapidamente. Se há pouca ou nenhuma informação e você não pode conduzir um estudo rigoroso, ainda assim há coisas que você pode fazer para agir mais logicamente e menos por meio de conjeturas, temor, crença ou na esperança de que dê certo. Uma vez trabalhamos com uma grande empresa de computadores que tinha problemas para vender suas máquinas no varejo. Os executivos seniores ficavam culpando suas equipes de marketing e vendas, afirmando que faziam um mau trabalho e ignoravam suas queixas de que era duro arregimentar clientes para que comprassem um produto ruim – até um fim de semana quando membros da equipe sênior visitaram lojas e tentaram comprar seus próprios computadores. Todos os executivos defrontaram-se com lojistas que tentaram dissuadi-los de comprar os computadores da sua empresa, citando o preço excessivo, fraco conjunto de características, aparência desajeitada da máquina e serviço ao cliente ruim. Organizando tais visitas ao campo e encontrando outras maneiras de reunir dados qualitativos, os gestores podem evidenciar que suas decisões não devem ignorar as observações do mundo real.

### Fará diferença?

O movimento da medicina baseada em evidência tem seus críticos, especialmente médicos que se preocupam com o fato de o discernimento clínico estar sendo substituído por buscadores na internet ou aqueles que temem que os contadores de migalhas que autorizam exames nos convênios vetarão técnicas experimentais ou caras. Contudo, os estudos iniciais sugerem que os médicos treinados em técnicas baseadas em evidências estão melhor informados do que seus pares, mesmo depois de 15 anos de formatura. Os estudos também demonstram conclusivamente que pacientes que recebem o cuidado que é indicado pela medicina baseada em experiência obtêm resultados melhores.

Atualmente, esse nível de garantia não está disponível àqueles que empreendem a administração baseada em evidência no ambiente dos negócios. Temos a experiência de umas poucas empresas e, a despeito de elas serem positivas, é preciso dispor da evidência de amostras mais amplas e representativas antes que essas experiências possam ser consideradas um padrão consistente. Contudo, o argumento teórico nos parece ser à prova de qualquer contestação. Aparenta ser perfeitamente lógico que as decisões tomadas com base em uma preponderância de evidências sobre aquilo que funciona em outros lugares, assim como dentro da própria empresa, serão decisões melhores e ajudarão a organização a prosperar. Temos também enorme conjunto de estudos revistos por colegas em áreas correlatas – literalmente milhares de estudos cuidadosos realizados por pesquisadores bem treinados – os quais, embora rotineiramente ignorados, fornecem conselhos simples e poderosos sobre como gerir organizações. Se descobertos e usados, esses conselhos causariam efeito positivo imediato nas organizações.

Tudo isso soa óbvio demais? Talvez, mas, ao longo dos anos, uma das lições mais importantes que extraímos é que praticar a administração baseada em evidência freqüentemente implica ser mestre do óbvio. Reflita sobre como os resultados desse pequeno estudo poderiam ajudar uma organização enorme: uma experiência feita na University of Missouri analisou grupos de tomada de decisão que ficavam de pé nas reuniões, durante 10 a 20 minutos, comparando-os com grupos que sentavam-se. Aqueles que ficavam de pé levavam 34% menos de tempo para tomar decisões, e a qualidade era igualmente boa. Em uma primeira análise, se as pessoas devem sentar-se ou ficar de pé durante reuniões pode parecer uma questão totalmente ridícula, mas faça as contas. Veja a gigante em energia Chevron, que tem mais de 50 mil empregados. Se cada empregado substituísse apenas uma reunião de 20 minutos sentado por outra onde ficaria de pé, cada uma dessas reuniões seria aproximadamente sete minutos mais curta [34% vezes 20 minutos]. Isso economizaria para a Chevron mais de 350 mil minutos [50 mil vezes 7 minutos] – quase 6 mil horas por ano.

Os executivos comprometidos com a prática da administração baseada em evidência devem também estar preparados para um efeito colateral desagradável; quando executada direito, tal prática subverterá seu poder e prestígio, algo que poderá preocupar aqueles que gozam de maior influência. Um ex-estudante nosso que trabalhou na Netscape lembrou de uma manifestação que uma vez tinha ouvido de James Barksdale, quando era CEO: "Se a decisão será tomada com base em fatos, então, desde que relevantes, os fatos de todos têm o mesmo peso. Se a decisão será feita com base nas opiniões das pessoas, então a minha vale muito mais." Essa anedota ilustra que fatos e evidência são grande equalizadores da hierarquia. A prática baseada em evidência modifica a dinâmica do poder, substituindo autoridade formal, reputação e intuição por dados. Isso significa que líderes seniores – freqüentemente venerados por sua sabedoria e determinação – podem perder parte de sua estatura na medida em que as suas intuições são substituídas, ao menos às vezes, por discernimentos baseados em dados disponíveis a qualquer pessoa educada. A implicação disso é que os líderes precisam tomar uma decisão fundamental: querem ter sempre razão, ou querem dirigir organizações que realmente desempenham bem?

Se tomada seriamente, a administração baseada em evidência pode modificar a maneira como cada administrador pensa e age. Antes de mais nada, trata-se de uma maneira de ver o mundo e pensar sobre a arte da administração; esta parte da premissa de que, usando lógica melhor, mais profunda e empregando fatos, até onde isso for possível, sua prática permite aos líderes realizarem seus trabalhos mais eficientemente. Acreditamos que encarar os fatos e a verdade implacáveis sobre o que funciona e o que não, entender as perigosas meias-verdades, que constituem tanto da sabedoria convencional sobre a administração, e rejeitar as bobagens totais que por demais parecem ser bons conselhos ajudarão as organizações a obterem melhor desempenho.

### *O que torna difícil basear-se em evidências?*

PODE SER QUE VOCÊ ESTEJA TENTANDO trazer a melhor evidência para sustentar suas decisões. Você acompanha a mídia sobre negócios, compra livros sobre administração, contrata consultores e assiste a seminários nos quais se apresentam especialistas em negócios. Assim mesmo, a administração baseada em evidência é difícil de aplicar. Aqui estão as dificuldades que você está enfrentando.

**Há evidências demais.** Com centenas de revistas e jornais dedicados aos negócios e questões de administração, dezenas de jornais sobre negócios, a grosso modo 30 mil livros de administração no prelo e milhares mais sendo publicados a cada ano e os websites sobre os conhecimentos em negócios continuando a se expandir (desde as versões on-line da revista *Fortune* e do *Wall Street Journal* até os sites especializados como Hr.com e Gantthead.com), pode se dizer tranqüilamente que simplesmente há informações demais para qualquer administrador consumir. Além do mais, recomendações sobre a prática de administração raramente são integradas de maneira a torná-las acessíveis ou fáceis de memorizar. Reflita, por exemplo, sobre *The Ultimate Resource*, um tomo que pesa aproximadamente 3,5kg e contém 2.208 páginas grandes. O mundo dos negócios reivindica que "essa obra tornar-se-á o 'sistema operacional' para qualquer organização ou qualquer negócio". Porém, um bom sistema operacional encaixa-se sem descontinuidades e de maneira lógica – algo que não ocorre aqui ou com qualquer esforço enciclopédico existente até a data.

**Não há evidências boas o suficiente.** Apesar da existência de "dados, dados em toda parte", os administradores ainda anseiam por uma orientação confiável. Em 1993, Darrel Rigby, consultor sênior da Bain, começou a coordenar a única pesquisa que encontramos sobre o uso e a persistência de várias técnicas de administração. (Os resultados da versão do Bain's Management Tools foram publicados em *Strategy and Leadership*, em 2005.) Rigby nos disse que achou estranho poder obter boas informações sobre produtos como pasta dental e cereais matinais, mas quase nenhuma informação existe sobre as intervenções que custavam milhões de dólares para as empresas implementarem. Mesmo a pesquisa da Bain, tão importante quanto é, mede apenas a freqüência de utilização dos diferentes programas e não vai além de avaliações subjetivas de seu valor.

**A evidência não se aplica adequadamente.** Freqüentemente, os gestores defrontam-se com meias-verdades – conselhos que são verdadeiros por algum tempo, sob certas condições. Considere, por exemplo, a controvérsia em torno das opções de ações. A evidência sugere que, em geral, confiar intensamente nas opções de ações não aumenta o desempenho da empresa, porém aumenta as possibilidades de a empresa ter que retificar sua declaração de lucros. No entanto, em empresas iniciantes pequenas, em mãos privadas, as opções parecem ter correlação com seu sucesso e são menos propensas a produzir publicidade exagerada sobre sua prática. Um marco da pesquisa sólida é o conservadorismo – o cuidado que o pesquisador toma para salientar o contexto específico no qual a intervenção A levou ao resultado B. Infelizmente, isso deixa os administradores se perguntando se quem sabe tal pesquisa teria relevância para eles.

**As pessoas tentam enganá-lo.** Por ser tão difícil distinguir bons conselhos dos maus, os administradores são constantemente levados a acreditar e a implementar práticas de negócios capengas. Boa parte desse problema são os consultores, que são *sempre* recompensados por seu trabalho, recompensados somente *às vezes* por terem feito um bom trabalho, e *quase nunca* recompensados avaliando-se se realmente melhoraram as coisas. O pior de tudo, se os problemas de um cliente só são resolvidos parcialmente, isso resulta em mais trabalho para a empresa de consultoria! (Se você acha que estamos sendo demasiadamente críticos, pergunte ao pessoal de sua empresa de consultoria favorita qual evidência possuem que comprove que seu aconselhamento ou técnicas realmente funcionam – e preste atenção à evidência que apresentam.)

**Você está tentando se enganar.** Simon e Garfunkel estavam certos quando cantavam: "O homem ouve aquilo que quer ouvir e negligencia o restante." Muitos profissionais sistematicamente ignoram evidências sobre as práticas da administração que se chocam com suas crenças e ideologias, e suas observações são contaminadas por aquilo que esperam ver. Isso é especialmente perigoso uma vez que algumas teorias podem se auto-realizar, isto é, às vezes perpetuamos nossas teorias de estimação com nossas próprias ações. Por exemplo, se esperamos que as pessoas não sejam dignas de confiança, controlaremos de perto seu comportamento, algo que torna impossível desenvolver confiança. (Neste meio-tempo, a evidência demonstra que quando as pessoas são colocadas em situações em que indivíduos de autoridade esperam que elas trapaceiem, um número maior delas praticará alguma fraude.)

**Os efeitos colaterais superam a cura.** Às vezes, as evidências indicam claramente uma cura, mas seus efeitos são vistos sob uma perspectiva demasiadamente estreita. Um de nossos exemplos favoritos surge de fora da área de administração, na controvérsia sobre a chamada aprovação social de alunos nas escolas públicas – ou seja, deixar que uma criança passe ao próximo nível ainda que ela não tenha atingido proficiência suficiente na classe onde está. O ex-presidente Bill Clinton representou o ponto de vista de muitos em seu discurso anual ao Congresso em 1999, quando disse: "Não fazemos favor algum às nossas crianças quando permitimos que passem de ano sem dominarem a matéria." O presidente George W. Bush sustenta o mesmo ponto de vista. Contudo, essa crença contradiz os resultados de 55 estudos publicados que comprovam os efeitos negativos de se eliminar a aprovação social (contra nenhum estudo cuidadoso que demonstre seus efeitos positivos). Muitos sistemas escolares, que tentaram acabar com essa prática, descobriram a mosca na sopa: não aprovar os estudantes sem condições de progredirem para um nível superior deixa as escolas lotadas com estudantes mais velhos e os custos disparam, uma vez que são necessários mais professores e outros recursos, pois o estudante passa mais tempo na escola. No fim, as crianças reprovadas também apresentam consistentemente resultados piores, com notas mais baixas nos exames e com taxa de evasão escolar maior. Há também relatos de que as intimidações aumentam. Aquelas crianças reprovadas, que são maiores do que seus colegas de classe, ficam iradas por não terem passado de ano, e os professores têm dificuldades em manter o controle de classes maiores.

**De qualquer jeito, as histórias são mais persuasivas.** É difícil manter-se dedicado à tarefa de construir casos com evidências quando é patente que uma boa narrativa freqüentemente sai ganhando. De fato, rejeitamos a noção de que somente os dados quantitativos devem qualificar-se como evidência. Como Einstein disse: "Nem tudo que pode ser contado conta, e nem tudo que conta pode ser contado." Quando usados corretamente, histórias e casos são instrumentos poderosos para se construir o conhecimento em administração. Muitos estudos quantitativos são publicados sobre o desenvolvimento de novos produtos, mas poucos chegam perto de *Soul of a New Machine,* de Tracy Kidder, vencedora do prêmio Pulitzer. Essa obra captura como os engenheiros desenvolvem produtos e como os gestores podem ajudar ou prejudicar o sucesso dos engenheiros (e dos produtos). *Orbiting the Giant Hairball,* de Gordon MacKenzie, é o livro mais encantador e útil em criatividade corporativa que conhecemos. Boas histórias encontram lugar em um mundo baseado em evidência, que podem sugerir hipóteses, aumentando outras pesquisas (freqüentemente quantitativas) e animando as pessoas que serão afetadas por uma mudança.

---

## O benchmarking pode produzir evidência?

PRATICAMENTE TODAS as empresas automobilísticas dos Estados Unidos têm, por décadas, utilizado a Toyota como referência na fabricação de carros. Em particular, muitas delas tentaram copiar suas práticas. Elas instalaram sistemas just-in-time, gráficos de controle estatístico de processos e dispositivos de paralisação de suas linhas de produção em casos de defeitos. Ainda assim, embora tenham realizado progressos (notavelmente a General Motors), a maioria ainda fica atrás da Toyota em termos de produtividade – o número de horas necessárias para se montar um carro – e freqüentemente também em qualidade e projetos de novos modelos.

Os estudos da indústria automobilística, especialmente aqueles conduzidos por John Paul MacDuffie, professor de Wharton, sugerem que as empresas americanas sucumbiram ao mesmo conjunto de problemas fundamentais que vimos em tantas iniciativas do chamado benchmarking casual. Em primeiro lugar, as pessoas imitam aquilo que é o mais visível, o mais óbvio e, freqüentemente, as práticas menos importantes. O segredo do sucesso da Toyota não é o conjunto das técnicas em si e, sim, a filosofia da gestão da qualidade total e da melhoria contínua que a empresa adotou, assim como a acessibilidade dos gestores aos empregados do chão-de-fábrica, que capacita a Toyota a usufruir do conhecimento implícito de seus trabalhadores. Em segundo lugar, as empresas têm estratégias, culturas, mão-de-obra e ambientes diferentes – de modo que aquilo que uma delas necessita fazer para ser bem-sucedida é diferente daquilo que as outras precisam realizar. O sistema da Toyota presume que as pessoas colaborarão nas equipes e subordinarão seus egos para o bem-estar do grupo, uma mentalidade coletiva que tende a se manifestar mais entre os gestores e trabalhadores asiáticos do que entre seus pares nos Estados Unidos e na Europa.

Antes de se precipitar para fazer um benchmark, talvez gastando esforço e dinheiro que em nada resultarão ou, o que é pior, trazendo-lhe problemas que você nunca teve antes, pergunte-se o seguinte:

- **A lógica e a evidência confiáveis indicam que o sucesso do alvo de benchmarking é atribuível à prática?** A Southwest Airlines é a linha aérea mais bem-sucedida na história dessa indústria. Herb Kelleher, seu CEO de 1982 a 2001, bebe muito uísque Wild Turkey. Isso significa que sua empresa dominará o seu setor se o seu CEO beber uma porção de Wild Turkeys?
- **As condições em nossa empresa – estratégia, modelo de negócio, mão-de-obra – são suficientemente semelhantes à empresa base de nosso benchmark para que o aprendizado seja útil?** Assim como médicos neurocirurgiões aprendem principalmente de outros neurocirurgiões, não de ortopedistas, você e sua empresa devem procurar aprender de outros que sejam significativos para seu negócio.
- **Por que dada prática aumenta o desempenho? E qual é a lógica que a conecta a determinado resultado?** Se você não pode explicar a teoria subjacente, possivelmente está se empenhando em um aprendizado fundamentado em crendices, podendo acabar copiando algo irrelevante, até mesmo prejudicial – ou copiando parte (talvez a pior parte) dessa prática. Como uma vez nos salientaram os executivos seniores da GE, muitas empresas que imitam seu sistema *"rank and yank"* só aplicam o processo de classificação A, B e C e perdem a sutileza crucial de que um *player* A é al-

guém que ajuda seus colegas a realizarem seus trabalhos mais eficientemente, em vez de se engajar em concorrência interna disfuncional.
- **Quais são os inconvenientes de se implementar a prática ainda que, no geral, seja uma boa idéia?** Tenha em mente que normalmente existe ao menos uma desvantagem. Por exemplo, a pesquisa realizada por Mary Benner, da Wharton, e Michael Tushman, da Harvard Business School revelou que empresas nos setores de tinta e fotografia que implementaram programas mais extensos de administração de processos aumentaram sua eficiência a curto prazo mas tiveram mais problemas para se manterem tecnologicamente atualizadas. Você precisa se perguntar se existem maneiras de diminuir os inconvenientes, talvez até mesmo utilizar soluções que o alvo de seu benchmarking usa e que você não enxerga. Digamos que você esteja fazendo uma fusão. Analise cuidadosamente o que a Cisco faz e por quê, já que essa empresa consistentemente sai ganhando nas fusões que fez enquanto a maioria das outras empresas quase sempre fracassa.

## Você faz parte do problema?

TALVEZ A MAIOR BARREIRA que a administração baseada em evidência enfrenta é que hoje em dia prevalecem padrões para avaliar o conhecimento em administração que são profundamente falhos. Infelizmente, são sustentados pelas ações de praticamente todo *player* importante no mercado do conhecimento em administração. Em particular, a imprensa sobre negócios, fornecedora de tantas práticas, precisa realizar avaliações melhores sobre as virtudes e falhas das evidências que publica. Propomos seis padrões para produzir, avaliar, vender e aplicar o conhecimento sobre negócios.

1. **Pare de tratar idéias antigas como se fossem novas.** Sir Isaac Newton é freqüentemente creditado por ter dito: "Se vi mais longe, foi por que vi acima dos ombros de gigantes." Mas os mascates de idéias em administração acham que conseguem maior número de palestras e contratos lucrativos de livros se ignorarem os antecedentes e apresentarem seus insights como algo totalmente original. A maioria das revistas sobre negócios alegremente recicla e renomeia conceitos para manterem o dinheiro fluindo. Isso continua a acontecer apesar de "a maioria das reivindicações de originalidade serem testemunhos da ignorância e a maioria das reivindicações de mágica serem testemunhos de arrogância", como nos salientou em uma mensagem de correio eletrônico o famoso teórico da administração James March. Como quebramos esse ciclo? Para começar, as pessoas que espalham idéias devem declarar as fontes e encorajar os escritores e gestores a desenvolverem seu raciocínio com base naquilo que veio antes. Fazer assim não é apenas intelectualmente honesto e educado. Conduz também a melhores idéias.

2. **Desconfie de idéias e estudos "pioneiros".** Relacionado ao desejo de fazer algo "novo" encontra-se o desejo para "o grande" – a grande idéia, o grande estudo, a grande inovação. Infelizmente, "o grande" raramente acontece. Análises cuidadosas dos chamados "avanços pioneiros" quase sempre revelam que foram precedidos pelo esmerado trabalho incremental de outros. Vivemos em um mundo em que cientistas e economistas que ganham o Prêmio Nobel creditam seu trabalho a seus predecessores; cuidadosamente salientam os penosos passos minúsculos que deram ao longo dos anos para desenvolver as idéias e hesitam chamá-las de avanços pioneiros, enquanto – como o faziam os antigos vendedores do óleo de cobra – um guru em negócios atrás de outro clama ter desenvolvido uma nova panacéia. Algo está errado neste cenário. Apesar disso, os administradores almejam os remédios mágicos, e seus fornecedores fingem dá-los àqueles que por estes anseiam.
3. **Exalte e desenvolva a inteligência coletiva.** O mundo dos negócios está entre os poucos lugares onde o termo "guru" tem conotações principalmente positivas. Porém, um foco sobre gurus mascara como o conhecimento em negócios é e como deve ser desenvolvido e usado. O conhecimento é raramente gerado por gênios solitários que têm novas idéias brilhantes em seus cérebros gigantescos. Os autores e consultores precisam ser mais cuidadosos em descrever as equipes e as comunidades de pesquisadores que desenvolvem idéias. Algo é ainda mais importante: precisam reconhecer que a implementação dessas práticas, a execução de estratégias e a realização de mudanças organizacionais exige as ações coordenadas de muitas pessoas, cujo comprometimento com uma idéia é maior quando sentem fazerem parte de sua concepção.
4. **Realce as desvantagens e as virtudes.** Os médicos estão ficando melhores em explicar riscos a pacientes e, nas melhores circunstâncias, permitindo-lhes que se juntem ao processo de decisão no qual são revelados os problemas potenciais. Isso raramente acontece em administração, onde soluções demais são apresentadas como se nada custassem e sendo de aplicabilidade universal, com pouca preocupação em se reconhecer as possíveis armadilhas. No entanto, todas as práticas e programas de administração possuem tanto pontos fortes quanto fracos, e até mesmo as melhores têm custos. Isso não significa que as empresas não devem implementar coisas como o Seis Sigma ou os Balanced Scorecards, apenas que elas devem reconhecer os perigos. Dessa forma, os gestores não se desencantarão nem, o que é pior, abandonarão um programa ou prática valiosa quando ocorrerem contratempos conhecidos.
5. **Use as histórias de sucesso (e de fracasso) para ilustrar práticas confiáveis, mas não em lugar de um método válido de pesquisa.** Existe um enorme problema com a pesquisa que se baseia na lembrança daqueles envolvidos em um projeto, algo que ocorre com tantas pesquisas em administração quando elas buscam encontrar a chave para o sucesso futuro. Há um século, Ambrose Bierce, em seu *Dicionário do Demônio*, defi-

niu "relembrar" como "lembrar com acréscimos aquilo que previamente não era sabido", prenunciando muito da pesquisa sobre a memória humana. Acontece que, por exemplo, os relatos de testemunhas oculares são notoriamente não-confiáveis e, em geral, as pessoas têm péssimas memórias, não importando o quanto confiam em suas recordações. Algo que é ainda mais importante para a pesquisa em administração é que as pessoas tendem a lembrar-se de coisas muito diversas quando estão em posições vencedoras (*versus* aquilo que lembram quando em posições opostas), e aquilo que elas recordam tem pouco a ver com o que aconteceu.

6. **Adote uma postura neutra com relação a ideologias e teorias.** A ideologia encontra-se entre os impedimentos mais comuns, potentes e incômodos para se utilizar a administração baseada em evidência. Os acadêmicos e outros pensadores de vanguarda podem vir a acreditar tão fervorosamente em suas próprias teorias que são incapazes de apreender uma nova evidência. E os administradores podem elevar ou abaixar o limiar de seu ceticismo quando uma solução parece ser "vagamente socialista" ou "compassiva", "militarista" ou "disciplinada". A melhor maneira de evitar que tais filtros obscureçam as boas soluções consiste em estabelecer clareza e consenso sobre o problema a ser resolvido e sobre o que constitui evidência da eficácia.

Originalmente publicado em janeiro de 2006
Reimpressão R0601E

# Pare de fazer planos; comece a tomar decisões

MICHAEL C. MANKINS E RICHARD STEELE

## Resumo executivo

MUITOS EXECUTIVOS tornaram-se céticos com relação ao planejamento estratégico. É de se surpreender? Apesar de todo tempo e energia gastos, muitas vezes o planejamento estratégico age como barreira à boa tomada de decisões e pouco faz para influenciar a estratégia sendo posta em prática.

O planejamento estratégico falha por dois fatores: normalmente é realizado anualmente e concentra-se nas unidades individuais de negócio. Por isso, o processo está completamente em desacordo com a maneira como os executivos realmente tomam as decisões estratégicas importantes, que não são restritas nem pelo calendário nem definidas pelas fronteiras das unidades operacionais. Assim, de acordo com pesquisa de 156 grandes empresas, os executivos seniores freqüentemente tomam decisões estratégicas fora do processo de planejamento, na hora e no lugar onde precisam ser solucionadas e sem uma análise rigorosa ou debate produtivo.

No entanto as empresas podem melhorar o processo se atacarem os problemas na raiz. Algumas empresas pioneiras descartaram seus procedimentos de planejamento atrelados a calendários e focalizados em unidades de negócio, substituindo-os com a tomada de decisões focada em assuntos específicos e por meio de um processo ininterrupto. Assim fazendo, elas fiam-se em vários princípios básicos: elas separam, porém integram, a tomada de decisões e a elaboração de planos, concentram-se em alguns poucos temas-chave e estruturam as revisões estratégicas para produzirem decisões de verdade.

Quando as empresas mudam o timing e o foco do planejamento estratégico, elas também mudam a natureza das discussões sobre estratégia de seus administradores seniores – de uma abordagem "revisar e aprovar" para "debater e decidir" – um procedimento no qual os executivos seniores ativamente analisam cada decisão importante e suas implicações para o valor e o desempenho da empresa. Os autores descobriram que essas empresas tomam duas vezes mais decisões estratégicas importantes por ano do que as empresas que seguem o modelo tradicional de planejamento.

O PLANEJAMENTO ESTRATÉGICO é completamente inútil? Essa era, recentemente, a pergunta que o CEO de um fabricante global se fazia. Dois anos antes ele tinha deslanchado uma ambiciosa revisão do processo de planejamento da empresa. A antiga abordagem, que exigia que os líderes das unidades de negócio fizessem apresentações periódicas ao comitê executivo da empresa, tinha afundado completamente. Os membros do comitê executivo – CEO, COO, CFO, CTO e o principal executivo de RH – tinham se cansado das intermináveis apresentações PowerPoint que lhes ofereciam poucas oportunidades para questionar os pressupostos das unidades de negócio ou para influenciar suas estratégias. E os executivos das unidades tinham se queixado de que as revisões do comitê executivo eram longas em exortações, porém curtas em conselhos executáveis. Pior ainda, as revisões conduziam a pouquíssimas decisões de valor.

O processo revisado incorporou o pensamento estado-da-arte sobre planejamento estratégico. Para evitar a sobrecarga de informações, cada negócio ficava limitado a apresentar 15 slides de "alto impacto" descrevendo a estratégia da unidade.

Para assegurar discussões maduras, exigia-se que todas as apresentações e os materiais de suporte fossem distribuídos ao comitê executivo pelo menos uma semana antes. As sessões de revisão foram reestruturadas para permitir amplo tempo de discussões entre a equipe corporativa e os executivos das unidades de negócio. Em vez de forçar que os executivos principais das unidades tivessem que viajar para a matriz, o comitê executivo concordou em dedicar a cada primavera seis semanas visitando todas as 22 unidades para assistirem a sessões que duravam um dia. A intenção era tornar as revisões estratégicas mais longas, mais focalizadas e mais coerentes.

Esse novo processo não funcionou. Depois de usá-lo por dois ciclos de planejamento, o CEO buscou o feedback dos participantes por meio de uma pesquisa anônima. Para seu desalento, o relatório continha uma ladainha de queixas: "Leva tempo demais." "O processo se desenrola em um nível alto demais." "O processo está desconectado da maneira como operamos o negócio." E assim por diante. No entanto, o mais incriminatório de todos era a percepção quase generalizada dos respondentes de que a nova abordagem produzia muito poucas decisões de verdade. O CEO ficou estarrecido. Como poderia um processo de planejamento tão de vanguarda ser ainda tão ruim? Mais importante do que isso, o que ele deveria fazer para que o planejamento estratégico resultasse em decisões mais volumosas, melhores e mais rápidas?

Como esse CEO, muitos executivos tornaram-se céticos com relação ao planejamento estratégico. É de se surpreender? Apesar de todo o tempo e energia que a maioria das empresas consome em planejamento estratégico, muitas vezes o processo age como uma barreira à boa tomada de decisões, como a nossa pesquisa o indica. Como resultado, o planejamento estratégico realmente não influencia a estratégia da maioria das empresas.

Nas páginas que se seguem, demonstraremos que o fracasso da maioria dos planejamentos estratégicos deve-se a dois fatores: normalmente é realizado anualmente e se concentra nas unidades individuais de negócio. Por isso, o processo está completamente em desacordo com a maneira como os executivos realmente tomam as decisões estratégicas importantes, que não são restritas nem pelo calendário nem definidas pelas fronteiras das unidades operacionais. Não surpreende, então, que os executivos seniores rotineiramente fujam do processo de planejar. Eles tomam decisões que realmente dão forma à estratégia de sua empresa e determina seu futuro – decisões sobre fusões e aquisições, lançamento de produtos, reestruturações corporativas e similares – decisões essas que tipicamente ficam fora do processo de planejamento, tomadas na hora e no lugar onde precisam ser solucionadas e sem uma análise rigorosa ou debate produtivo. Decisões críticas são feitas incorretamente ou deixam de ser tomadas. Mais importante do que tudo, essa desconexão – entre a maneira como o planejamento funciona e como as decisões acontecem – explica a frustração, se não uma antipatia total, que a maioria dos executivos sente com relação ao planejamento estratégico.

No entanto, as empresas podem melhorar o processo se atacarem os problemas que estão em sua raiz. Um pequeno número de empresas pioneiras descartou seus procedimentos de planejamento atrelados a calendários e focalizados em unidades de negócio, substituindo-os pela tomada de decisões voltada para assuntos específicos e por meio de um processo ininterrupto. Ao mudarem o timing e o foco do planejamento estratégico, também mudaram a natureza das discussões sobre estratégia de seus administradores seniores – de uma abordagem "revisar e aprovar" para "debater e decidir", – significando que os executivos seniores ativamente analisam cada decisão importante e suas implicações para o valor e o desempenho da empresa. De fato, essas empresas utilizam o processo de desenvolvimento de estratégias para conduzirem a tomada de decisões. Em conseqüência, elas tomam duas vezes mais decisões estratégicas importantes por ano do que as empresas que seguem o modelo tradicional de planejamento. (Veja no final do capítulo "Quem toma mais decisões?".) Essas empresas pararam de fazer planos e começaram a tomar decisões.

## Onde o planejamento anda mal

No outono de 2005, a Marakon Associates, em colaboração com a Economist Inteligence Unit, pesquisou executivos seniores de 156 grandes empresas mundiais, todas com vendas de $1 bilhão ou mais (40% delas vendia mais de $10 bilhões). Perguntamos a esses executivos como suas empresas desenvolviam seus planos a longo prazo e quão eficientemente achavam que seus processos de planejamento orientavam as decisões estratégicas.

Os resultados da pesquisa confirmaram aquilo que observamos ao longo de muitos anos de consultoria: o timing e a estrutura do planejamento estratégico são obstáculos para a boa tomada de decisões. Especificamente, descobrimos que as empresas com processos e práticas padrão de planejamento tomam em média apenas 2,5 decisões estratégicas importantes a cada ano (por "importante" entendemos que no longo prazo tais decisões têm o potencial de aumentar os lucros da empresa em 10% ou mais). É difícil imaginar que com tão poucas decisões estratégicas alavancando o crescimento essas empresas podem seguir adiante e gerar o desempenho financeiro que os investidores esperam.

O que é pior, suspeitamos que as poucas decisões que essas empresas tomam são realizadas apesar de seu processo estratégico de planejamento, não por causa dele. De fato, o modelo tradicional de planejamento é tão intricado e fora de sincronia com a maneira como os executivos o querem e necessitam para poderem tomar decisões que, em suas maiores decisões estratégicas, com grande freqüência os altos executivos fogem do processo. Com as grandes decisões sendo tomadas fora do processo, o planejamento estratégico torna-se meramente uma codificação das resoluções que a direção já tomou, em vez de ser um veículo para identificar e debater as decisões críticas que a empresa necessita para produzir desempenho superior. Ao longo do tempo, os gestores começam a questionar o valor do planejamento estratégico, afastando-se dele, e confiando em outros processos para estabelecer a estratégia da empresa.

## O EFEITO CALENDÁRIO

Em 66% das empresas de nossa pesquisa, planejamento é um acontecimento periódico, conduzido freqüentemente como um procedimento precursor da elaboração do orçamento anual e dos processos de aprovação dos investimentos de capital. Aliás, a conexão do planejamento estratégico com esses outros processos de administração é freqüentemente citada como sendo a melhor prática. Entretanto, forçar o planejamento estratégico a ser um ciclo anual arrisca torná-lo irrelevante aos executivos, que devem tomar muitas decisões importantes ao longo do ano todo.

Há duas desvantagens importantes para uma programação tão rígida. A primeira poderia ser chamada de problema de *tempo*. Uma programação anual de planejamento simplesmente não oferece aos executivos tempo suficiente para avaliarem as questões que mais afetam o desempenho. De acordo com nossa pesquisa, as empresas que seguem essa prática anual de planejamento dedicam menos de nove semanas por ano ao desenvolvimento de suas estratégias. Isso mal representa dois meses para coletar fatos relevantes, estabelecer prioridades estratégicas, ponderar alternativas que concorrem entre si e fazer escolhas estratégicas importantes. Muitas questões – particularmente aquelas que se relacionam a múltiplos negócios, cruzando fronteiras geográficas, ou envolvendo cadeias inteiras de valor – não podem ser resolvidas eficientemente em tempo tão curto. Por exemplo, a Boeing levou quase dois anos para decidir subcontratar externamente atividades importantes como a fabricação de asas.

Constritos pelo calendário de planejamento, os executivos corporativos são colocados diante de duas escolhas: ou não podem tratar essas questões complexas – de fato jogando-as na cesta dos assuntos "penosos demais" – ou podem tratá-las por algum outro processo que não seja o do planejamento estratégico. Nos dois casos, o planejamento estratégico é marginalizado e separado da tomada estratégica de decisões.

Depois existe o problema do *timing*. Mesmo quando os executivos alocam tempo suficiente para o desenvolvimento de estratégias sobre questões difíceis e complexas, o timing do processo pode criar problemas. Na maioria das empresas, o planejamento estratégico é um processo seqüencial no qual os gestores analisam as informações do mercado e dos concorrentes, identificando ameaças e oportunidades e, então, definem um plano plurianual. Mas, no mundo real, os gestores tomam decisões estratégicas continuadamente, muitas vezes motivados por uma necessidade imediata de adotar uma ação (ou reação). Por exemplo, quando um novo concorrente entra no mercado, ou um rival introduz uma nova tecnologia, os executivos têm que agir rápida e decisivamente para salvaguardar o desempenho da empresa. No entanto, muito poucas empresas (de acordo com nossa pesquisa, menos de 10%) têm qualquer tipo de processo rigoroso ou disciplinado para reagir às mudanças no ambiente externo. Em vez disso, seus gestores fiam-se em processos imediatistas para corrigirem rumos ou aproveitarem oportunidades. Uma vez mais, o planejamento estratégico é posto de lado e os executivos arriscam-se a tomar decisões ruins que não foram avaliadas cuidadosamente.

As decisões sobre fusões e aquisições fornecem um exemplo particularmente destacado do problema de timing. As oportunidades de aquisição tendem a surgir espontaneamente, como resultado de mudanças na administração em uma empresa-alvo, as ações de um concorrente ou de algum outro acontecimento imprevisível. Confrontados com uma oportunidade promissora e tempo limitado para agir, os executivos não podem esperar até que tal oportunidade seja avaliada como parte do próximo ciclo anual de planejamento, então avaliam o negócio e tomam uma decisão rápida, porém, tendo em vista que freqüentemente não há nenhum processo adequado de revisão, as questões mais delicadas do futuro relacionamento com os novos clientes e funcionários – tão críticas para a integração eficaz de uma empresa adquirida – podem ser ignoradas ou tratadas inadequadamente. Não é nenhuma coincidência que essa falta de planejamento da integração é freqüentemente citada como a causa principal do fracasso das fusões e aquisições.

## O EFEITO UNIDADE DE NEGÓCIO

O foco sobre as unidades organizacionais de um típico processo de planejamento multiplica seu efeito, ou melhor, defeito, calendário. Dois terços dos executivos que pesquisamos informaram que o planejamento estratégico em suas empresas é conduzido negócio a negócio – isto é, o processo é focalizado nas unidades ou grupos de unidades de negócio. Porém, 70% dos executivos seniores que responderam à nossa pesquisa declararam que tomam decisões questão por questão. Por exemplo, devemos entrar no mercado da China? Devemos terceirizar a fabricação externamente? Devemos comprar as operações de nosso distribuidor? Dada essa divergência entre a maneira como o planejamento é organizado e a maneira como as grandes decisões são tomadas, mais uma vez não surpreende muito que os líderes corporativos procurem alhures a direção e a inspiração para tomarem decisões. Aliás, apenas 11% dos executivos que pesquisamos acreditavam firmemente que o planejamento valia o esforço.

O foco organizacional do planejamento estratégico tradicional cria também distanciamento, até mesmo antagonismo, entre os executivos da matriz e os gerentes das unidades de negócio. Por exemplo, examine a maneira como a maioria das empresas conduz as revisões estratégicas – por meio de reuniões formais entre os gerentes seniores e os executivos de cada unidade de negócio. Enquanto supostamente essas revisões devam produzir uma discussão baseada em fatos, elas freqüentemente pouco mais são do que turismos de negócios. O comitê executivo realiza uma visita por um dia, vê as instalações, encontra os nativos e sai voando novamente. Por seu lado, a unidade de negócio põe muito esforço para preparar essa visita real e entusiasma-se em realizá-la sem transtornos. A unidade espera safar-se com poucas perguntas e um plano aprovado. Assim, os gestores locais controlam o fluxo das informações que chegam aos escalões superiores e só lhes apresentam as informações que mostram cada unidade sob a melhor perspectiva. As oportunidades são destacadas; as ameaças são subestimadas ou omitidas.

Ainda que não haja qualquer subterfúgio ou ocultamento, os gerentes seniores têm dificuldades para se empenhar em uma discussão e debate construtivos por causa daquilo que talvez possa ser chamado assimetria de informações. Eles não têm as informações que necessitam para serem úteis em orientar as unidades de negócio. Portanto, quando lhes é apresentado um plano estratégico que é bom demais para ser crível, só têm duas opções legítimas: ou rejeitam-no – uma atitude quase inaudita na maioria das grandes empresas – ou entram no jogo, impondo metas flexíveis que no mínimo asseguram a promessa de que a unidade melhorará seu desempenho. Nos dois casos, a revisão pouco contribui para conduzir as decisões em questão. Portanto, não surpreende constatar que apenas 13% dos executivos entrevistados consideravam que a alta administração empenha-se eficientemente em todos os aspectos do desenvolvimento de estratégias em suas empresas – desde o estabelecimento de metas até o debate das alternativas, a aprovação das estratégias e a alocação de recursos.

## Planejamento estratégico focado em decisões

O planejamento estratégico não pode causar impacto se não conduzir à tomada de decisões. E ele não pode conduzir à tomada de decisões se permanecer focado nas unidades individuais de negócio e delimitado pelo calendário. Ao longo dos anos, observamos que muitas das empresas que obtiveram resultados melhores abandonaram a abordagem tradicional e concentraram-se explicitamente em chegar a decisões por meio da identificação contínua e solução sistemática das questões estratégicas. ("Planejamento contínuo, orientado para decisões", no fim deste capítulo, apresenta um exemplo detalhado da abordagem orientada a questões.) Embora essas empresas tenham encontrado soluções específicas diferentes, essencialmente todas fizeram as mesmas mudanças fundamentais em seus processos de planejar e desenvolver estratégias para produzir decisões melhores, em maior volume e mais rapidamente.

**Elas separam – porém integram – a tomada de decisões e a elaboração de planos.** Em primeiro lugar e a mudança mais importante: uma empresa deve tomar decisões fora do âmbito do processo tradicional de planejamento e deve criar um processo diferente, e em paralelo, para desenvolver estratégias que ajudem seus executivos a identificar as decisões que *têm que tomar* para criar, ao longo do tempo, mais valor aos acionistas. O resultado desse novo processo não é de jeito algum um plano – trata-se de um conjunto de decisões concretas que a administração pode introduzir nos planos futuros de negócios por meio do processo de planejamento existente, que é mantido. Identificar e tomar decisões é diferente de criar, controlar e atualizar um plano estratégico, e os dois conjuntos de tarefas exigem processos muito diferentes, porém integrados.

A Boeing Commercial Airplanes (BCA) é um caso em questão. Por muitos anos, essa unidade de negócio, a maior da Boeing, tinha um processo de planejamento a longo prazo de seus negócios (LRBP). Os ciclos prolongados de produção de aeronaves comerciais exigem que o CEO da unidade, Alan Mulally, e sua equipe de direção tenham uma visão de longo prazo do negócio. Por isso, o LRBP da unidade contém uma previsão financeira de dez anos, incluindo receitas projetadas, pedidos em carteira, margens operacionais e investimentos em capital. A equipe de direção da BCA revisa semanalmente o plano de negócios, acompanhando o desempenho da divisão com relação ao plano e mantendo a organização focada na execução.

As revisões semanais eram inestimáveis como instrumento de monitoramento da performance da BCA, mas elas não eram muito eficazes para trazer novas questões à baila nem para conduzir a tomada estratégica de decisões. Então, em 2001, a equipe de direção da unidade introduziu o Processo de Integração Estratégica, centrado em descobrir e tratar as questões estratégicas mais importantes do negócio (como determinar a melhor estratégia para se entrar no mercado com novos produtos, conduzir a evolução da estratégia de produtos da BCA ou estimular seu crescimento em serviços). A equipe designada a desenvolver esse processo realiza todas as segundas-feiras reuniões de integração de estratégias, acompanhando o progresso da BCA em resolver tais questões a longo prazo. Tendo-se concordado sobre uma linha específica de ação e sendo esta aprovada pela direção da BCA, o plano a longo prazo é atualizado na próxima revisão semanal para que reflita a mudança projetada no desempenho financeiro.

O tempo investido no novo processo de tomada de decisões é mais do que compensado pelo tempo poupado no processo LRBP, que agora concentra-se unicamente na execução da estratégia. A empresa tira vantagem do melhor dos dois mundos – tomada de decisões disciplinada e melhor execução das ações resultantes. A BCA manteve o valor do LRBP como um instrumental de execução enquanto aumentou a qualidade e quantidade das decisões importantes. Os líderes da empresa acreditam que o novo processo é ao menos parcialmente responsável pela grande reviravolta no desempenho da Boeing desde 2001.

**Elas focalizam alguns temas-chave.** Normalmente, as empresas que alto desempenho focalizam suas discussões estratégicas sobre um número limitado de questões ou temas importantes, muitas delas atravessando e afetando múltiplos negócios. Afastando-se desta maneira de um modelo de planejamento negócio-a-negócio comprovou ser particularmente útil para grandes organizações complexas, onde as discussões estratégicas podem se atolar rapidamente à medida que cada gerente divisional tenta cobrir cada aspecto da estratégia da sua unidade. Os gerentes das unidades de negócio devem manter-se envolvidos no planejamento estratégico corporativo naquilo que afetar as suas unidades. Porém concentrar-se sobre questões em vez das unidades de negócio alinha melhor o desenvolvimento das estratégias com a tomada de decisões e a escolha de investimentos.

Veja a Microsoft. O principal fabricante de software do mundo é uma organização altamente matricial. Nenhuma estratégia pode ser executada eficientemente na empresa sem a cuidadosa coordenação de múltiplas funções e através de duas ou mais das sete unidades de negócio, ou, como os executivos da Microsoft as chamam, as "P&Ls" – Cliente; Servidor e Instrumentos; Trabalhador de Informação; MSN; Soluções de Negócios Microsoft; Dispositivos Celulares e Encaixados; e Lar e Divertimento. No final de 2004, confrontado com a falta de boas idéias de investimentos, o CEO Steve Ballmer pediu a Robert Uhlaner, vice-presidente corporativo da Microsoft de estratégia, planejamento e análise, para que concebesse um novo processo de planejamento estratégico para a empresa. Uhlaner colocou em funcionamento o chamado Processo de Planejamento do Crescimento e do Desempenho que começa com a concordância da esquipe de Ballmer sobre uma série de temas estratégicos – questões importantes como o crescimento de mercado de PCs, o mercado do entretenimento e diversão, e a segurança – que cruzam os limites das unidades de negócio. Estes temas não moldam apenas a discussão para a revisão anual estratégica da Microsoft, como também orientam as unidades para que desenvolvam alternativas de investimento que estimulam o crescimento da empresa. As discussões entre os líderes das unidades e a equipe de Ballmer focam aquilo que a empresa pode fazer para tratar cada tema estratégico, em vez de examinar as estratégias individuais de cada unidade. Os primeiros resultados desse novo processo são promissores. "Você tem que ter cuidado com aquilo que deseja", diz Uhlaner, "Nosso novo processo revelou incontáveis novas oportunidades para o crescimento. Não nos preocupamos mais quanto a uma escassez de idéias de investimentos, mas como melhor financiá-las."

À semelhança da Microsoft, a Diageo North America – uma divisão do vendedor internacional de cerveja, vinho e bebidas – modificou recentemente a maneira como conduz o planejamento estratégico para alocar recursos por meio de sua diversificada carteira de negócios. Historicamente, a Diageo focava seus esforços de planejamento sobre as marcas individuais. Permitia-se aos gerentes de marcas que apresentassem seu caso para investimentos adicionais, sem levar-se em consideração o tamanho da marca nem seu papel estratégico no portfolio de produtos comercializados. Em conseqüência, a alocação de recursos era importunada por intermináveis negociações entre as marcas e a administração corporativa. Essa política de disputas tornava extremamente difícil para a direção sênior da Diageo estabelecer uma abordagem consistente de crescimento, pois uma falta de transparência os prevenia de discernir, entre as muitas solicitações para financiamento adicional, quais marcas realmente mereciam mais recursos e quais não.

Começando em 2001, a Diageo reformulou sua abordagem para o desenvolvimento estratégico. Uma mudança crucial consistiu em concentrar o planejamento nos fatores que a empresa acreditava levariam a maior crescimento de mercado – por exemplo, um aumento da população hispânica nos Estados Unidos. Modelando o impacto desses fatores em seu portfolio de marcas, a Diageo foi capaz de combinar melhor seus recursos com as marcas que têm o maior potencial de crescimento, de modo a poder especificar as estratégias e investimentos que cada gerente de marca deve desenvolver, diz Jim Moseley, vice-presidente sênior de planejamento e pesquisa do consumidor da Diageo North America. Por exemplo, a divisão agora identifica certas marcas para o crescimento e aloca recursos específicos para os investimentos nessas unidades. Essa abordagem focada habilitou a empresa a encurtar o processo de planejamento das marcas e reduz o tempo gasto em negociações entre as marcas e a administração da divisão. Ela também fez a administração sênior ter confiança maior na capacidade de contribuir de cada marca para o crescimento da Diageo.

**Elas tornam contínuo o processo de desenvolvimento estratégico.** Planejadores eficazes espalham as revisões estratégicas ao longo do ano todo em vez de espremê-las em um período de dois a três meses. Isso permite que os executivos seniores concentrem-se em uma questão de cada vez até que alcancem uma decisão ou um conjunto de decisões. Além do mais, os gerentes podem acrescentar questões à agenda à medida que o mercado e as condições competitivas mudam, não havendo nenhuma necessidade para processos particularizados. Portanto, os executivos seniores podem, assim, contar com um único processo de planejamento estratégico, ou talvez, um único modelo estratégico de tomada de decisões – para conduzir a tomada de decisões por meio da empresa toda.

A Textron, uma empresa multindustrial de $10 bilhões, implementou um novo processo contínuo de desenvolvimento estratégico – concebido em torno de uma "agenda de decisão" priorizada, abrangendo as questões e oportunidades mais importantes da empresa. Até 2004, a Textron teve um processo de planejamento estratégico razoavelmente tradicional. A cada primavera, as unidades de negócio da empresa – tão diversificadas quanto a Bell Helicopter, a E-Z-Go carrinhos de golfe e os equipamentos de manutenção de gramados Jacobsen – desenvolveriam um plano estratégico de cinco anos com base nos formatos normais. Os gerentes das unidades revisariam seus planos estratégicos com o comitê administrativo da Textron (os cinco principais executivos da empresa) durante sessões que durariam um dia em cada unidade. Após completadas as revisões de estratégia, as unidades incorporavam os resultados, da melhor maneira que podiam, em seus planos operacionais anuais e orçamentos de capital.

Em junho de 2004, insatisfeito com a qualidade e o andamento do processo de tomada de decisões que resultava das revisões de estratégia da empresa, o CEO Lewis Campbell pediu a Stuart Grief, vice-presidente da Textron para estratégia e desenvolvimento de negócios, que repensasse o processo de planejamento estratégico da empresa. Depois de revisar cuidadosamente as práticas da empresa e o feedback recebido dos trinta executivos principais, Grief e sua equipe projetaram o novo Processo Estratégico da Textron.

Ocorreram duas mudanças importantes: na primeira, em vez de concentrar todas as revisões estratégicas das unidades operacionais no segundo trimestre de cada ano, a empresa agora espalhava as discussões estratégicas ao longo do ano todo – duas a três unidades sendo revisadas por trimestre; na segunda, em vez de organizar as discussões do comitê administrativo em torno dos planos das unidades de negócio, a Textron agora realizava revisões contínuas que são concebidas para tratar cada questão estratégica na agenda de decisões da empresa. As duas mudanças habilitaram o comitê administrativo da Textron a se engajar muito mais eficientemente no desenvolvimento das estratégias das unidades de negócio. As mudanças também asseguraram que houvesse um fórum no qual as questões interunidades pudessem ser levantadas e tratadas pela alta administração, com inputs dos gerentes das unidades de negócio que importam para seu contexto. O processo aumentou notadamente o número de decisões estratégicas que a empresa toma a cada ano. Em conseqüência, nos últimos 18 meses, a Textron passou de uma empresa multindustrial igual a muitas outras a uma com desempenho superior em todos os trimestres fiscais.

John Cullivan, diretor de estratégia na Cardinal Health, uma das líderes mundiais em produtos e serviços de saúde, relata benefícios semelhantes decorrentes da mudança para um modelo contínuo de planejamento. Ele diz: "A tomada contínua de decisões é difícil de estabelecer porque exige a realocação do tempo da direção nos níveis superiores da empresa. Mas o processo nos capacitou a obter visão mais penetrante do desempenho a curto prazo de nossos negócios verticais e a realizar progressos mais rápidos em nossas prioridades a longo prazo, algumas das quais são oportunidades horizontais que atravessam as fronteiras dos negócios e, portanto, são mais difíceis de administrar."

Para facilitar a tomada contínua de decisões estratégicas, a Cardinal fez uma série de mudanças importantes em seu processo tradicional de planejamento. Por exemplo, no nível corporativo, a empresa pôs em prática uma agenda semestral rotativa para as discussões de seu comitê executivo, uma prática que permite a todos dentro da Cardinal saberem no que a alta administração está trabalhando e quando as decisões serão tomadas. Agendas semelhantes de decisão são usadas nas unidades de negócio e nos níveis funcionais, assegurando que padrões comuns sejam aplicados a todas as decisões importantes na empresa. Para apoiar a tomada contínua de decisões na Cardinal, a empresa treinou "faixas pretas" em novas técnicas e processos analíticos e as instalou por toda a organização. Isso provê cada um dos negócios e funções da empresa com os recursos necessários para tratar as prioridades estratégicas que aparecem ao longo do tempo.

**Elas estruturam as revisões estratégicas para produzir decisões de verdade.** Os obstáculos mais comuns à tomada de decisões em grandes empresas são as divergências entre os executivos sobre decisões passadas, alternativas atuais e até mesmo sobre os fatos apresentados para dar sustento aos planos estratégicos. Para superar esses problemas, as empresas líderes estruturam suas sessões de revisão de estratégias.

Na Textron, por exemplo, as revisões das questões estratégicas são organizadas em torno de "fatos, alternativas e escolhas". Cada questão é tratada em duas sessões de meio dia com o comitê administrativo da empresa, permitindo que de oito a dez questões sejam resolvidas por ano. Na primeira sessão, o comitê administrativo debate e chega a um consenso sobre os fatos relevantes – informações sobre a rentabilidade de mercados-chave, as ações dos concorrentes, os comportamentos de compra dos consumidores e assim por diante – e sobre um conjunto limitado de alternativas estratégicas viáveis. O propósito dessa primeira reunião não é alcançar um consenso sobre um curso específico de ação; em vez disso, a reunião garante que o grupo tenha a melhor informação possível e um firme conjunto de alternativas a considerar. A segunda sessão concentra-se em avaliar essas alternativas sob as perspectivas estratégica e financeira e em selecionar o melhor curso de ação. Por separar a discussão em torno dos fatos e das alternativas do debate sobre as escolhas, o comitê administrativo da Textron evita muitos dos gargalos que, na maioria das empresas, contaminam a tomada estratégica de decisões, alcançando, assim, um número bem maior de decisões do que conseguiria de outra maneira.

Como a Textron, a Cadbury Schweppes mudou a estrutura de suas discussões estratégicas para concentrar mais explicitamente a alta gerência sobre a tomada de decisões. Em 2002, depois de adquirir e integrar a fabricante de goma de mascar Adams – um lance que expandiu significativamente a linha de produtos e o alcance geográfico da Cadbury – a empresa percebeu que precisava repensar a maneira como conduzia as discussões estratégicas entre a matriz e as unidades de negócio. A empresa fez duas mudanças importantes. Em primeiro lugar, as discussões estratégicas foram reformuladas para que incorporassem um conjunto padronizado de fatos e métricas sobre os consumidores, clientes e concorrentes. Essas informações ajudaram a trazer ao conhecimento dos gerentes seniores as opções comerciais críticas, de modo que as escolhas não ficassem mais encobertas pela visão das unidades de negócio. Em segundo lugar, o tempo dos executivos seniores foi realocado para que pudessem prestar mais atenção aos mercados que eram cruciais para a realização da visão decenal da Cadbury e para a tomada de decisões importantes.

A equipe sênior da Cadbury gasta agora a cada ano uma semana inteira em cada um dos países mais críticos ao desempenho da empresa, de modo que as decisões importantes possam ser providas de informações, tanto pela observação direta como por meio de análise indireta. As discussões estratégicas são agora baseadas em entendimento muito mais profundo dos mercados. As revisões estratégicas da Cadbury não consistem mais meramente em revisões e na aprovação de um plano estratégico; elas resultam em um número bem maior de decisões importantes.

F EITO CORRETAMENTE, o planejamento estratégico pode causar um enorme impacto sobre o desempenho da empresa e aumentar seu valor a longo prazo. Por criarem um processo de planejamento que habilita os gestores a descobrirem um grande número de questões estratégicas ocultas e a tomarem mais decisões, as empresas abrirão a porta a um número muito maior de oportunidades para o crescimento e a rentabilidade a longo prazo. Por abraçar o planejamento focado na decisão, as empresas quase certamente perceberão que a quantidade e a qualidade de suas decisões melhorarão. E – sem ser coincidência – descobrirão melhora na qualidade do diálogo entre a alta gerência da matriz e os gerentes das unidades. Os executivos corporativos obterão entendimento melhor dos desafios enfrentados por suas empresas, e os gerentes das unidades beneficiar-se-ão plenamente da experiência e do insight dos líderes da empresa. De acordo com Mark Reckitt, diretor da estratégia de grupo da Cadbury Schweppes: "O planejamento estratégico contínuo, focado em decisões, ajudou nossa equipe executiva sênior a direcionar sua agenda e trabalhar com as unidades de negócio e a administração funcional para tomar decisões muito melhores, tanto de cunho estratégico quanto comercial."

### Quem toma mais decisões?

TENDO UMA VEZ ABANDONADO o modelo tradicional de planejamento, orientado pelo calendário e focado nas unidades de negócio, as empresas percebem um aumento dramático na qualidade de sua tomada de decisões. Em nossa pesquisa, as empresas que romperam completamente com o modo antigo de planejar a cada ano tomaram duas vezes mais decisões estratégicas do que as empresas que se fixaram na tradição. Além disso, a nova estrutura do processo de planejamento assegura que as decisões sejam provavelmente as melhores possíveis, dadas as informações disponíveis aos gestores na época em que foram finalizadas.

Aqui estão os números médios de decisões estratégicas importantes tomadas por ano nas empresas que utilizam as quatro diferentes abordagens ao planejamento estratégico:

**Revisão anual** focada nas unidades de negócio
**2,5** decisões por ano
**Revisão anual** focada em questões
**3,5** decisões por ano
**Revisão contínua** focada nas unidades de negócio
**4,1** decisões por ano
**Revisão contínua** focada em questões
**6,1** decisões por ano

*Fonte: Marakon Associates e Economist Intelligence Unit*

## Planejamento tradicional

AS EMPRESAS QUE seguem o modelo tradicional de planejamento estratégico desenvolvem um plano estratégico para cada unidade de negócio em algum momento durante o ano. Uma equipe multifuncional dedica menos do que nove semanas para desenvolver o plano da unidade. O comitê executivo revisa cada plano – tipicamente ao longo de reuniões que duram um dia e se realizam no local da unidade – e "carimba" os resultados. Os planos são consolidados para produzirem um plano estratégico corporativo que será revisto pelo conselho.

Tendo terminado esse ciclo de planejamento estratégico, as unidades dedicam outras oito a nove semanas para a orçamentação e o planejamento dos investimentos em capital (na maioria das empresas, esses processos não são explicitamente interligados ao planejamento estratégico).

O comitê executivo realiza, então, outra rodada de reuniões com cada uma das unidades de negócio para negociar metas de desempenho, comprometimento de recursos e (em muitos casos) a remuneração dos gerentes.

**O resultado: um plano estratégico aprovado para cada unidade de negócio, porém potencialmente irreal e um orçamento separado para cada unidade desligado de seu plano estratégico.**

## Planejamento contínuo, orientado para decisões

TENDO A EMPRESA, como um todo, identificado suas prioridades estratégicas (em uma atualização estratégica anual), as discussões do comitê executivo, que se estendem pelo ano todo, são organizadas de tal maneira que se cheguem a decisões sobre tantas questões quanto for possível. Tendo em vista que as questões [estratégicas] freqüentemente afetam múltiplas unidades de negócio, são formados grupos de trabalho que preparam as informações estratégicas e financeiras necessárias para descobrir e avaliar as alternativas estratégicas para cada questão. O tempo de preparação pode exceder as nove semanas. O comitê executivo participa em duas discussões para cada questão que duram de três a quatro horas cada. A primeira discussão busca alcançar um acordo sobre os fatos acerca da questão e sobre um conjunto de alternativas viáveis. A segunda concentra-se na avaliação dessas alternativas e na seleção do melhor curso de ação. Uma vez que uma questão tendo sido resolvida, uma nova é adicionada à agenda. Questões críticas podem ser inseridas no processo de planejamento a qualquer momento, à medida que mudam as condições de mercado e de concorrência.

Tendo sido alcançada uma decisão, os orçamentos e os planos de investimento em capital para as unidades de negócio afetadas são atualizados para refletirem a opção escolhida, portanto, o processo de planejamento estratégico e de orçamentação de capital são integrados. Isso reduz significativamente a

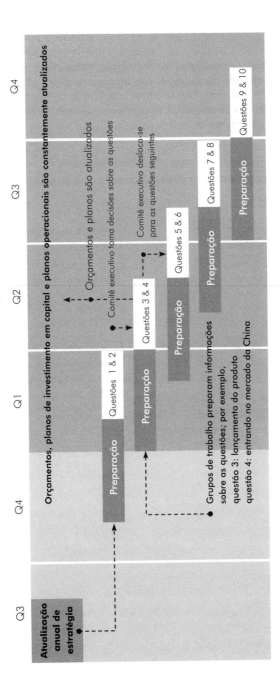

necessidade para negociações prolongadas entre o comitê executivo e a administração das unidades sobre seu orçamento e planos de investimentos.

**Os resultados: um plano concreto para tratar cada questão-chave; para cada unidade de negócio, um orçamento e um plano de investimentos continuamente atualizado e interligado diretamente à resolução de questões estratégicas críticas; e a cada ano, decisões em maior número, mais rápidas e melhores.**

## A desconexão entre o planejamento e a tomada de decisão

**Como os executivos planejam**
**66%** periodicamente
Porcentagem de executivos pesquisados dizendo que suas empresas conduzem o planejamento estratégico apenas em datas prescritas

**67%** unidade por unidade
Porcentagem dizendo que o planejamento é feito unidade por unidade

**Como os executivos decidem**
**100%** continuamente
Porcentagem de executivos dizendo que as decisões estratégicas são tomadas sem considerar o calendário

**70%** questão por questão
Porcentagem dizendo que as decisões são tomadas questão após questão

Não surpreende que apenas **11**% dos executivos estão muito satisfeitos com o planejamento estratégico valer o esforço.

# Decisões sem antolhos

MAX H. BAZERMAN E DOLLY CHUGH

## Resumo executivo

QUANDO, em 2004, a Merck retirou seu remédio contra dor, Vioxx, do mercado, apenas nos Estados Unidos, mais que 100 milhões de receitas tinham sido preenchidas. No entanto, os pesquisadores agora calculam que o Vioxx pode ter sido associado com até 25 mil ataques cardíacos e derrames cerebrais. A evidência dos riscos da droga já estava disponível em 2000, então por que tantos médicos continuaram a prescrevê-la?

A resposta, dizem os autores, envolve o fenômeno da *consciência confinada* (*bounded awareness*)* – quando, durante o processo de tomada de decisão, "antolhos cognitivos" previnem uma pessoa de enxergar, procurar, usar ou compartilhar informações altamente relevantes, facilmente acessíveis e prontamente perceptíveis. Por exemplo, os médicos prescreverem Vioxx mais vezes do que não recebiam feedback positivo dos pacientes. Então, apesar de ter acesso às informações sobre os riscos, os médicos poderiam ter ficado ofuscados, não enxergando a real extensão destes.

---

*\*Nota do Tradutor:* A expressão *bounded awareness* foi inventada pelos autores. Refere-se à observação de que, durante o processo de tomada de decisões, as pessoas costumeiramente negligenciam informações importantes.

A consciência confinada ocorre em três pontos no processo de tomada de decisão. Primeiro, os executivos podem deixar de enxergar ou buscar as informações importantes necessárias para tomarem uma decisão acertada. Segundo, podem deixar de usar as informações que possuem porque não estão cientes de sua relevância. Em terceiro, os executivos podem deixar de compartilhar informações com outros, dessa maneira limitando o conhecimento da organização sobre questões importantes e críticas.

Com base em exemplos como o desastre do ônibus espacial *Challenger* e o fracasso do Citibank no Japão, este capítulo examina o que impede os executivos de enxergarem aquilo que é evidente e que está na frente deles, oferecendo conselhos sobre como aumentar a consciência.

Evidentemente, nem toda decisão exige que os executivos ampliem seu foco conscientemente. Coletar informações demais para cada decisão desperdiçaria o tempo e outros recursos valiosos. A chave consiste em estar atento. Se os executivos acharem que um erro pode gerar um dano quase irrecuperável, então devem insistir em obter toda a informação de que necessitarem para tomar uma decisão inteligente.

---

Quando, em setembro de 2004, a Merck retirou do mercado seu remédio contra dor, Vioxx, por temer que ele provocasse ataques cardíacos e derrames, mais de 100 milhões de receitas tinham sido preenchidas apenas nos Estados Unidos. Os pesquisadores agora calculam que o Vioxx pode ter sido associado com até 25 mil ataques cardíacos e derrames cerebrais. Mais de mil processos foram movidos contra a empresa. A evidência dos riscos da droga estava publicamente disponível já em novembro de 2000, quando o *New England Journal of Medicine* informava que quatro vezes mais pacientes que tomavam Vioxx sofreram infartos do miocárdio do que aqueles que tomavam o naproxen. Em 2001, o próprio relatório da Merck aos órgãos regulamentadores federais mostrava que 14,6% dos pacientes do Vioxx tiveram problemas cardiovasculares enquanto tomavam a droga; 2,5% deles tiveram problemas sérios, incluindo ataques cardíacos. Se os riscos da droga tinham sido publicados em 2000 e 2001, então por que tantos médicos decidiram prescrevê-la?

A pesquisa em ciências sociais demonstrou que, sem perceber, os tomadores de decisão ignoram certas informações críticas. Os médicos, como o restante de nós, são processadores imperfeitos de informações. Suas exigências diárias de tempo são muitas e decisões de vida e morte são tomadas sob circunstâncias altamente ambíguas. No caso do Vioxx, os médicos recebiam feedback positivo dos pacientes que tomavam a droga e, como agora sabemos, a força de vendas da Merck deu passos antiéticos, fazendo o Vioxx parecer mais seguro do que era. Então, apesar de terem acesso às informações sobre os riscos, os médicos – mesmo aqueles que leram o artigo no *New England Journal of Medicine* – foram ofuscados quanto à real extensão desses riscos.

E por que os executivos seniores da Merck permitiram que o produto permanecesse no mercado por tempo tão longo? A evidência aponta para a distorção intencional pela força de vendas, mas é bastante possível que alguns membros da alta direção da Merck não entenderam plenamente quão prejudicial a droga era. Aliás, muitos indivíduos respeitados garantiram o comportamento ético do ex-presidente do conselho e ex-CEO Raymond Gilmartin, insistindo que ele teria tirado o Vioxx do mercado se tivesse acreditado que a droga matava as pessoas. Embora os executivos seniores sejam os responsáveis últimos por aquilo que acontece em suas organizações, o lapso aqui poderia ter sido mais na qualidade da tomada de decisões do que de qualquer comportamento antiético intencional.

Neste capítulo, examinaremos o fenômeno da *consciência confinada* – no qual, durante o processo de tomada de decisão, "antolhos cognitivos" impedem uma pessoa de enxergar, procurar, usar ou compartilhar informações altamente relevantes, facilmente acessíveis e prontamente perceptíveis. "As informações que a vida oferece não são necessariamente as que gostaríamos de obter", observa Dan Gilbert do departamento de psicologia da Harvard University, "porém, como convidados gentis a um jantar e outras vítimas de circunstâncias, as pessoas geralmente parecem aceitar aquilo que lhes é oferecido em vez de baterem com seus talheres na mesa e exigirem cenouras".

A maioria dos executivos não está ciente das maneiras específicas pelas quais sua consciência é limitada e, como o exemplo do Vioxx demonstra, a falha em reconhecer essas limitações pode ter graves conseqüências. Simplificando, o alívio de dores e lucros bem que poderia estar dentro do limite de consciência dos médicos e executivos, ao passo que os riscos à saúde do Vioxx podem ter se situado fora desse limite.

É importante observar que a consciência confinada difere de sobrecarrega de informações ou de ter que tomar decisões com informações em demasia e tempo muito limitado. Mesmo quando poupada de uma enxurrada de informações e tendo tempo suficiente para tomar decisões, ainda assim a maioria dos indivíduos não consegue trazer as informações corretas ao nível de seu consciente e no momento adequado.

O fenômeno da consciência confinada pode ocorrer em vários estágios no processo de tomada de decisão. Em primeiro lugar, os executivos não conseguem enxergar ou buscar as informações importantes necessárias para tomarem uma decisão acertada. Segundo, eles podem deixar de usar as informações que enxergam porque não estão cientes de sua relevância. Finalmente, os executivos podem conseguir deixar de compartilhar informações com outros, dessa maneira, limitando a conscientização da organização.

## A falha de enxergar informações

A capacidade de se concentrar em uma tarefa é indubitavelmente útil, mas tal concentração também limita a consciência.

Veja, por exemplo, um estudo do psicólogo Ulric Neisser de Cornell. Neisser fez os participantes de um experimento observarem um videoteipe que mostrava duas equipes de basquetebol (usando uniformes de cores diferentes) passando a bola e pediu para que todos contassem o número de passes entre os jogadores de uma das equipes. A tarefa era mais difícil do que parece, porque cada equipe tinha jogado em dias diferentes, mas a fita sobrepunha os dois jogos. Tão concentrados estavam os participantes em sua tarefa que apenas 21% deles disse ter visto uma mulher andando entre os jogadores, com um guarda-chuva aberto. No entanto, qualquer um que observasse o vídeo sem a tarefa designada aos participantes facilmente notaria a mulher durante uma boa parte da projeção. Quando usamos essa fita na sala de apresentações a executivos, até mesmo menos do que 21% deles percebem a mulher. Isso preocupa, já que executivos têm que permanecer alertas a ameaças e oportunidades periféricas, assim como devem concentrar-se naquilo que estejam fazendo. A falha de perceber mudanças legislativas, políticas ou do mercado em seu ambiente impedirá que adaptem suas estratégias, de modo que suas organizações não sejam prejudicadas e possam prosperar.

As pessoas omitem mais do que apenas as informações que elas não esperam receber, como demonstraram Jeremy Wolfe e Todd Horowitz, da Harvard Medical School, e Naomi Kenner, do Brigham Women's Hospital, em Boston. Esses pesquisadores duplicaram em um laboratório o processo de detecção de armas em aeroportos. Os participantes do estudo examinaram sacolas, procurando por objetos perigosos, depois que lhes foi dito com qual freqüência esses objetos apareceriam. Quando lhes foi dito que os objetos apareceriam em 50% das vezes, o índice de erros dos participantes foi de 7%, mas, quando lhes foi dito que os objetos apareceriam apenas 1% das vezes, o índice de erros pulou para 30%. Tendo em vista que as pessoas não esperavam ver os objetos, eles deixaram de procurá-los – ou, como Wolfe explica: "Se você não os vê freqüentemente, você freqüentemente não os enxerga."

Outra área de "cegueira perceptiva" tem a ver com a mudança gradual, como demonstrado em estudo realizado por Francesca Gino, da Harvard Business School junto com Max Bazerman. Os participantes foram divididos em dois grupos: um ficou encarregado de estimar a quantia de dinheiro em jarros cheios de pequenas moedas e o outro deveria "auditar" as estimativas do primeiro grupo. Os estimadores não eram recompensados quando conseguiam fazer uma avaliação precisa e, sim, quando suas estimativas mais altas eram aprovadas pelos "auditores". Os auditores foram recompensados por aprovar as estimativas, porém, penalizados caso apanhados aceitando estimativa extrema. Quando o primeiro grupo aumentou gradualmente suas estimativas com relação ao valor verdadeiro, os auditores não perceberam tão claramente as estimativas inflacionadas nem detectaram a atitude antiética. O oposto acontecia quando os estimadores repentinamente exageravam a avaliação. Na prática, isso ajuda a explicar como os escândalos da Enron e da WorldCom cresceram tão enormemente. Pequenas transgressões éticas, que originalmente não foram percebidas, cresceram rapidamente tornando-se crimes cada vez maiores.

Felizmente, as pessoas podem aprender a observar mais as mudanças em seu ambiente, algo que as ajudará a retirar os antolhos durante o processo de tomada de decisão. Por exemplo, os agentes de serviços secretos americanos são treinados para esquadrinhar uma multidão e perceber quando alguém põe a mão no bolso do paletó ou se move na multidão, coisas que a maioria de nós não notaria. De modo semelhante, executivos podem cultivar sua consciência sobre qual tipo de informações poderia afetar diretamente as suas organizações. Também deveriam responsabilizar outros por essa tarefa. Tendo em vista que pessoas diferentes apresentarão limites diferentes de consciência, obter múltiplos pareceres fará com que possam obter todos os dados relevantes para uma decisão plenamente informada. Em seu artigo "Delusions of Success: How Optimism Undermines Executives' Decisions" (HBR, julho de 2003), os psicólogos Dan Loyallo e Daniel Kahneman discutiram a sapiência de obter de uma pessoa externa à perspectiva de determinada situação ou problema. De fato, uma perspectiva externa talvez possa ajudá-lo a enxergar informações críticas que você facilmente poderia negligenciar quando imerso nas atividades cotidianas.

## A falha de procurar informações

O desastre do ônibus espacial *Challenger* foi bem analisado por meio de muitas lentes analíticas, porém, para nossos propósitos, deixe-nos considerar as decisões que levaram a seu lançamento. O *Challenger* foi lançado na temperatura mais baixa da história do programa do ônibus espacial, fator que levou à falha das guarnições e, por fim, à morte de todos os sete astronautas a bordo. Um dia antes do desastre, os executivos da NASA discutiram se a combinação de temperatura baixa e a falha de guarnição constituiria um problema. Tendo, porém, em vista que nos sete lançamentos prévios não se notou correlação clara entre temperaturas baixas e as guarnições que apresentaram defeitos, decidiram manter o cronograma programado para o lançamento.

Tragicamente, aqueles que tomaram essa decisão não analisaram as temperaturas dos 17 lançamentos nos quais não ocorreu qualquer falha de guarnição. O conjunto de dados de todos os 24 lançamentos teria apontado inequivocamente que haveria a necessidade de atrasar aquele lançamento. A análise feita posteriormente sugere que, dada a baixa temperatura, a probabilidade de o desastre ocorrer excedia 99%. Como acontece a muitos executivos bem intencionados, os cientistas da NASA e a Morton Thiokol (projetista e fabricante dos propulsores) limitaram sua análise aos dados que tinham em mãos – e deixaram de procurar os mais relevantes.

A versão mais inquietante da falha de se procurar informações ocorre quando os tomadores da decisão são motivados a favorecer um resultado em particular. Muitas pessoas acreditam que a decisão da administração Bush em invadir o Iraque foi um erro. Não iremos discutir aqui o caso geral, porém, afirmamos que o processo que conduziu à decisão foi falho. Funcionários graduados do governo dos Estados Unidos foram afetados por sua consciência confinada e não procuraram informações que argumentariam contra uma invasão. Não conseguiram perceber os sinais que sua avaliação do mérito da situação no Iraque estava errada, particularmente no que dizia respeito à existência de armas de destruição em massa.

A evidência mais perturbadora advém do relato de Richard Clarke sobre os acontecimentos de 11 e 12 de setembro de 2001. Clarke, na época o czar do antiterrorismo, reivindica em seu livro *Against All Enemies* que, na noite de 11 de setembro, a então assessora de Segurança Nacional, Condoleezza Rice, recomendou-lhe que fosse para casa tirar algumas horas de sono. Na manhã seguinte, quando retornou ao trabalho, Clarke conta que o vice-presidente Dick Cheney, o secretário de Defesa, Donald Rumsfeld, e o vice-secretário de Defesa, Paul Wolfowitz, discutiam o papel que o Iraque teria no ataque. Agora sabemos que essa avaliação demasiadamente estreita estava errada, porém, nos meses que se seguiram, a administração Bush conduziu uma busca direcionada para interligar o Iraque com o ataque de 11 de setembro e o terrorismo. Com tal esforço confirmatório, as informações inconsistentes com o ponto de vista preferido ficavam fora dos limites da consciência.

Como podemos procurar informações que se situam além de nossa própria consciência? A chave encontra-se na precaução em considerar quais informações realmente dizem respeito à decisão que você deve alcançar. Imagine, por exemplo, que você está em uma classe e a professora lhe apresenta a seqüência "2-4-6". Ela, então, pede que você identifique a regra específica na qual ela está pensando e que seja consistente com a seqüência 2-4-6. Para adivinhar a regra, você pode declarar outras seqüências de três números, e a professora lhe dirá se as seqüências que você apresentou seguem sua regra. Você pode apresentar tantas seqüências quantas quiser, mas tem só tem uma chance para adivinhar a regra.

Usamos esse exercício, adaptado do psicólogo P.C. Wason, em nossas classes de educação de executivos. Escrevemos 2-4-6 na lousa e pedimos a um voluntário que adivinhasse as outras seqüências para descobrir a regra. O voluntário normalmente apresenta apenas algumas seqüências antes de declarar sua regra – sempre incorreta (geralmente a maioria diz que a regra é "números que aumentam na razão de dois" ou "uma série de números nos quais a diferença entre os dois primeiros é igual à diferença entre os dois últimos". Então, pegamos outro voluntário. Esse executivo inventa outra hipótese, tenta seqüências que sejam consistentes com essa hipótese e, então, adivinha uma regra – incorretamente outra vez. Nessa fase, é raro que tenhamos respondido não a uma seqüência proposta por qualquer executivo, já que a regra é "quaisquer três números ordenados em seqüência ascendente".

Resolver esse problema exige que, em vez de evidência confirmatória, os participantes acumulem evidência contraditória. Assim, se sua mente estabelecer "números que crescem em uma razão de dois", para achar a regra real, você tem que tentar seqüências que não se adaptam a ela. Tentar 1-3-5, 10-12-14, 122-124-126 e assim por diante só o conduzirá a "confirmar" que a regra imaginada está correta, embora não esteja. Procurar informações que não confirmam aquilo que estamos pensando é uma abordagem poderosa na solução de problemas, contudo, isso raramente faz parte de nossas estratégias de intuição.

Esse exercício têm apenas uma resposta correta, no entanto, no mundo real, poucas decisões são resolvidas tão diretamente.

No entanto, quando as informações chegam à mesa de um executivo, freqüentemente elas são circunscritas como sendo uma recomendação e sustentadas por dados em quantidade considerável. Embora seja verdade que os executivos devem contar com os outros para facilitar o fluxo dos dados que recebem, eles também devem desconfiar da ausência de evidência contraditória: é um sinal de alerta indicando alta consciência confinada. Quando um executivo defronta-se com essa situação, deve pedir aos membros de sua equipe que procurem e articulem a evidência contraditória que está faltando.

Veja, por exemplo, o lendário fracasso da New Coke, em 1985. Em meados dos anos 80, a Pepsi ganhava mercado com relação à Coca, em grande parte por estar desviando a atenção dos consumidores para o gosto, por meio de uma prova de sabor chamada Pepsi Challenge. O sucesso da campanha da Pepsi convenceu os executivos da Coca-Cola a concentrarem-se também na dimensão do sabor – e dedicarem um imenso orçamento de pesquisas e desenvolvimento para reformular a receita da Coca-Cola, que tinha 99 anos.

Deixe-nos colocar essa situação no contexto do quebra-cabeça da regra do 2-4-6. O foco da Pepsi no sabor tornou-se a hipótese no quartel-general da Coca. Todos os grupos de foco, provas de gosto e reformulações que se seguiram pareciam confirmar que o problema era o sabor. No entanto, os executivos não tentaram juntar evidência contraditória. Sergio Zyman, então CMO (Chief Marketing Officer) da Coca, pondera: "Não perguntamos... 'Se tirássemos a velha Coca-Cola e lhe déssemos a New Coke, você a aceitaria?'" Essa pergunta poderia ter comprovado que a teoria do sabor estava errada. Assim como a maneira de testar a hipótese "aumentando na razão de 2" não é tentar a série 1-3-5 e, sim, 1-3-6, a maneira de testar a hipótese do sabor consistiria em testar contra a Pepsi receitas da Coca-Cola cujo gosto fosse pior e ver se os consumidores da Coca-Cola manter-se-iam leais à marca.

Gerar evidência contraditória deveria fazer parte do trabalho de todos, mas, uma maneira de integrar essa forma de pensar consiste em designar a um membro do grupo o papel de "inquisidor do diabo". Isso não é o mesmo que ser o advogado do diabo, alguém que argumenta contra o *status quo*. Fazendo perguntas em vez de argumentar um ponto de vista alternativo, o inquisidor do diabo força as pessoas a procurar evidências fora de seus limites de consciência. Além do mais, esse papel pode ser usado confortavelmente por aqueles que estão pouco dispostos a aceitar a opinião da maioria; confere-lhes uma maneira segura para contribuírem.

## A falha de usar informações

Embora possa ser difícil de acreditar, quando tomam uma decisão importante, muitos executivos simplesmente negligenciam informações acessíveis e valiosas. Reflita sobre o caso do Citibank no Japão. De acordo com Mark Hunter, da Insead, logo depois que a Financial Services Agency (FSA) foi criada, em 1998, ela empreendeu inspeções nos 19 principais bancos japoneses. Bancos estrangeiros foram sujeitos a intenso escrutínio e a licença da agência de Tóquio do Credit Suisse Financial Products, o braço de derivativos do Credit Suisse First Boston, foi revogada em novembro de 1999. O recado da FSA era claro: várias das operações anteriormente situadas em áreas cinzentas do negócio bancário eram agora inaceitáveis, tal como a venda cruzada de produtos financeiros por meio de unidades corporativas. Assim mesmo, a venda cruzada continuou fazendo parte da estratégia básica do Citibank.

A FSA também deixou claro que as transações destinadas a ocultar perdas eram ilegais. Em maio de 2000, a agência suspendeu por seis meses a unidade de títulos do Deutsche Bank em Tóquio por estar vendendo títulos que visavam ocultar as perdas de clientes corporativos. Essa foi uma de muitas punições semelhantes aplicadas aos bancos. Em suma, a FSA mandou sinais incontestes de que táticas e práticas questionáveis, toleradas em outras partes, levariam a punições no Japão.

Em 2001, sob pressão da FSA, o Citibank reportou que tinha oferecido a aproximadamente 40 empresas produtos que as deixariam transferir para períodos subseqüentes perdas contábeis sobre títulos em carteira e perdas de câmbio. Obviamente, a alta direção do Citibank tinha visto artigos em jornais sobre as punições sofridas por seus concorrentes devido a esse tipo de comportamento. No entanto, os executivos do Citibank operaram agressiva e publicamente nas áreas cinzentas do mercado japonês. Para tomarmos um exemplo, em 2003, quando uma escola de moda de Tóquio buscou um empréstimo de $6,7 milhões, outros banqueiros que examinaram sua contabilidade recusaram a transação, mas o private banking do Citibank achou uma solução: seis de seus clientes compraram três edifícios da escola. Então, um ano mais tarde, a escola comprou os prédios de volta pelo mesmo preço mais o aluguel e as taxas de transação, algo que adicionou 26% ao custo. O Citibank manteve 11% para si; seus clientes receberam o restante do lucro. A consciência confinada do Citibank levou o banco a perder os sinais de alerta do governo japonês e a se empenhar em muitos outros comportamentos impróprios.

No devido tempo, o Citibank pagou por suas más decisões. Em setembro de 2004, a FSA revogou as licenças de quatro escritórios de private banking da empresa. A FSA também manchou a reputação do Citibank, reivindicando que o banco tinha defraudado clientes adicionando margens excessivamente altas em seus produtos financeiros. Perante a evidência crescente de que a FSA faria cumprir suas determinações, por que os executivos do Citibank não tinham protegido seus próprios interesses, parando com esse comportamento questionável em seus escritórios japoneses? As informações sobre as atividades da FSA estavam disponíveis aos executivos do Citibank, porém parece que se concentraram principalmente no desempenho financeiro, e as infrações marginais da legislação japonesa ficaram fora de seus limites de consciência.

Parece que o sucesso pode criar limitantes que impedem os executivos de utilizar informações prontamente disponíveis. Os relojoeiros suíços inventaram a tecnologia de quartzo, mas como Michael Tushman da Harvard Business School e seus colegas demonstraram, seu domínio em relógios mecânicos impediu os suíços de reconhecerem a trajetória futura da indústria relojeira toda. Eles essencialmente doaram a tecnologia de quartzo e, em conseqüência, perderam a maioria do mercado global de relógios para os Estados Unidos e para as empresas japonesas. Mais amplamente, Tushman registra um padrão comum: o sucesso em determinada área técnica impede as empresas de usarem novas tecnologias fora dessa área, mesmo quando elas estão disponíveis dentro da empresa.

Outro padrão comum da consciência confinada é a não-utilização de informações sobre os concorrentes. Don Moore, da Carnegie Mellon University, e seus colegas descobriram que os tomadores de decisão conseguem ver quão bem realizam uma tarefa mas tendem a ignorar quão bem a concorrência pode realizá-la também. Em conseqüência, mesmo quando diante de uma grande concorrência, as pessoas estão muito mais propensas a competir em tarefas fáceis do que competir em tarefas mais difíceis, apesar do fato de estas também serem mais difíceis para a concorrência. De acordo com Moore, muitas vezes essa tendência faz com que empresas entrem na fabricação de produtos de fácil domínio tecnológico e raramente entram nos territórios dos produtos mais difíceis de manufaturar.

Uma maneira de decidir se uma informação à sua disposição é útil consiste em pensar sobre as ações de outras partes envolvidas e as regras que governam suas ações. Por exemplo, imagine pensar em adquirir uma pequena empresa com um excelente produto novo que se encaixa em sua linha. A empresa podia valer tão pouco quanto $5 milhões ou até $10 milhões nas mãos de sua administração atual, dependendo dos pressupostos de avaliação. Sob sua direção, você acredita que ela valeria $20 milhões por causa das sinergias peculiares que sua empresa pode criar. Sabe que os fundadores da empresa em questão participam nela em três partes iguais e que têm opiniões diferentes sobre o valor de sua empresa. Quanto você lhes ofereceria?

Se você soubesse que os fundadores têm um acordo de que só venderão a empresa se todos os três aceitarem uma oferta, sua oferta mudaria? Ou, em vez disso, se você soubesse que qualquer um dos três fundadores pode forçar a venda da empresa (a menos que os outros dois sócios comprem a sua parte a um preço equivalente, algo que você tem certeza de que não podem fazer por falta de recursos), isso mudaria sua oferta?

Uma vez que você compreende que as decisões dos outros *players* provavelmente variarão, a regra de decisão sobre o preço mínimo que o vendedor aceitará torna-se muito importante. Imagine que os três fundadores colocam o preço para vender a empresa em $6 milhões, $7 milhões e $9 milhões. Evidentemente, se um fundador pode forçar a venda, você pode oferecer um preço muito mais baixo do que se todos os vendedores estivessem de acordo. No entanto, para a maioria dos negociadores, as decisões dos outros *players* e as regras do jogo estão fora de seus limites de consciência. Quando apresentamos em nossas classes esse cenário aos executivos, eles negligenciam a regra de decisão em jogo e não consideram a possibilidade de que os fundadores variariam o preço pelo qual estariam dispostos a vender.

Os executivos podem tomar iniciativas para conseguir acesso a informações críticas similares. Um método consiste em "desembrulhar" a situação ou aclarar o pleno contexto das informações relevantes. Por exemplo, quando se pediu a indivíduos que previssem quão felizes ou infelizes seriam alguns dias depois de seu time favorito de futebol ganhar ou perder um jogo, eles disseram que sua satisfação dependeria pesadamente do resultado do jogo. Mas, quando Tim Wilson, da University of Virginia, e seus colegas, pediram aos participantes que relacionassem uma dúzia de outras coisas que aconteceriam nos dias que se seguiriam ao jogo, previram que o nível de sua satisfação dependeria muito menos do resultado do jogo. Em outras palavras, "desembrulharam" a situação para trazer à sua consciência informações facilmente disponíveis, mas previamente não-utilizadas.

Pesquisa feita por Nick Epley, da University of Chicago, e Eugene Caruso e Max Bazerman, da Harvard University, demonstrou que as pessoas tendem a assumir crédito pessoal maior do que o devido por uma realização grupal. Quando se pergunta a quatro membros de um grupo: "Qual porcentagem das realizações do grupo é devida às suas idéias e trabalho?", normalmente a soma das quatro porcentagens excede em muito os 100% (esse achado aplica-se a co-autores acadêmicos). Mas quando, em vez disso, se pergunta: "Qual porcentagem das realizações do grupo pode ser atribuída a cada um dos quatro membros do grupo?", o grau de distorção egocêntrica decai extraordinariamente. Essencialmente, a última pergunta "desembrulha" as contribuições dos outros membros, trazendo suas contribuições ao limiar da consciência do respondente.

Outras perguntas que possivelmente trazem informações úteis ao limiar da consciência incluem: Quais informações já conhecemos em nossa organização? Quais informações têm ligação com o problema em questão? Faz sentido ignorar as informações que não temos utilizado? Obviamente, quanto mais importante for o problema, mais cuidado deve-se tomar para utilizar os inputs mais apropriados.

## A falha de compartilhar informações

Os executivos trabalham nas equipes porque, como diz o ditado, duas cabeças pensam melhor do que uma. Os membros são escolhidos entre representantes de diferentes partes da organização de modo que, quando tomar decisões e estabelecer estratégias, o grupo possa ter acesso a fontes diferentes de informações. Mas a pesquisa sugere que a maioria dos grupos tem limitantes cognitivas ao compartilhar informações. Freqüentemente, os membros das equipes discutem as informações que todos conhecem, e normalmente não conseguem compartilhar informações distintas. Por quê? Porque é muito mais fácil discutir informações comuns e porque as informações comuns são mais gratificantes na medida em que os outros ressoam seu consenso e apoio. Cognitivamente, os executivos individuais não entendem a importância de compartilhar suas informações únicas e não procuram obter as que os outros detêm. Esse padrão comportamental disfuncional subverte a própria razão pela qual as organizações formam equipes diversificadas.

Como exemplo, analise as tarefas do "perfil escondido", técnica desenvolvida por Gerald Stasser na University of Ohio e agora um componente comum nos cursos para executivos em tomada de decisões em grupo. Em uma tarefa típica de perfil escondido, membros do grupo são solicitados a identificar a melhor escolha entre um número de opções, tal como o melhor candidato para uma posição executiva chave. Quando todos os membros de grupo recebem todas as informações disponíveis sobre todos os candidatos, a vasta maioria dos grupos identifica um candidato específico como sendo a melhor escolha. Mas, em uma versão modificada do estudo, apenas alguns membros de grupo recebem as excelentes informações sobre o melhor candidato, enquanto todos os outros na equipe recebem informações boas (porém não excelentes) sobre outro candidato. Nesse caso, a maioria dos grupos escolhe o candidato de menor qualificação porque os membros que conhecem as informações sobre o melhor não as divulgam aos outros.

A falha de compartilhar informações distintas é um possível fator para explicar a incapacidade de os Estados Unidos impedirem os ataques de 11 de setembro. De acordo com o relatório da

Comissão 11/9, o governo dos Estados Unidos tinha acesso a uma abundância de informações que, em seu conjunto, deveriam ter sido usadas para proteger a nação. A Casa Branca, a CIA, o FBI, a Administração Federal da Aviação, o Congresso e muitas outras agências do governo tinham algumas informações necessárias para afastar o ataque. Tanto a administração Clinton/Gore como a de Bush/Cheney fracassaram em melhorar adequadamente a segurança da aviação e a inteligência antiterrorismo; deixaram passar oportunidades para desenvolver sistemas que teriam permitido que as agências compartilhassem informações disponíveis. Embora não possamos ter certeza de quais informações melhor compartilhadas teriam prevenido o 11/9, temos certeza de que, se pudéssemos voltar o filme, indivíduos sábios optariam por comunicações muito melhores entre as várias organizações.

Há muitas maneiras de se abordar a questão da integração do conhecimento diversificado em um grupo. As reuniões devem ter agendas, e as agendas devem solicitar especificamente reportes individuais em vez de supor que os indivíduos que têm informações únicas as transmitirão quando necessárias. Se a responsabilidade por questões críticas situa-se em múltiplas áreas, então uma pessoa ou o departamento pode ser responsabilizado em assegurar que indivíduos ou grupos compartilhem informações. Mas, antes de os executivos poderem levar em conta as respostas estruturais adequadas a uma dada situação, devem reconhecer o efeito do perfil escondido; só então poderão trazer as informações singulares aos limites do processo de tomada de decisões em grupo.

## Ultrapassando os limites

Foco é bom. De fato, muitos executivos alcançaram sucesso por causa de sua capacidade de focalizar informações específicas. Mas, quando tomam decisões importantes, recomenda-se aos executivos que prestem atenção se informações-chave não são consideradas por causa de sua consciência confinada. Por exemplo, quando os executivos das companhias aéreas importantes dos Estados Unidos concentraram-se em buscar agressivamente sua participação no mercado, perderam contato com outras considerações estratégicas críticas e comprometeram a rentabilidade, a satisfação dos passageiros e a segurança da aviação.

Evidentemente, nem toda decisão exige que uma pessoa alargue seu foco conscientemente. Aliás, um risco de se identificar e descrever o problema da consciência confinada reside no fato de os executivos poderem tornar-se hiperconscientes das próprias limitações e, em conseqüência, quererem juntar informações em demasia para cada decisão com a qual se defrontam. Isso desperdiçaria tempo e outros recursos valiosos. Mas, quando algo muito grande está em jogo – tal como estar preparado para emergências ou downsizing ou o marketing de um produto potencialmente perigoso – os executivos devem ficar atentos aos limites naturais de sua consciência. Em resumo, se um erro poderia gerar estrago quase irrecuperável, então devem insistir em obter todas as informações de que necessitam para tomarem uma decisão inteligente. Nesse sentido, os executivos fariam bem em aprender dos diplomatas de alto nível. Os embaixadores tendem a pensar intuitivamente sobre como as negociações com um país afetarão países vizinhos. E os diplomatas parecem ter desenvolvido uma tendência para expandir seus limites de consciência, preferindo coletar mais informações do que menos – uma meta que talvez beneficie os executivos corporativos.

Em seu livro *Você pode tudo*, Barry Nalebuff e Ian Ayres, da Yale University, fornecem outra estratégia clara para expandir os limites cognitivos dos executivos. Eles argumentam que as pessoas assumem por demais vezes o *status quo* como algo certo; em contraposição, as soluções criativas emergem quando questionamos as suposições comuns sobre como as coisas funcionam. Nalebuff e Ayres contam muitas histórias de sucesso corporativo que nasceram da pergunta "Por que não?" – incluindo a descoberta que as garrafas de ketchup seriam mais funcionais se descansassem sobre seu bocal. Você pode aprender a localizar informações úteis fora dos limites de sua consciência ao fazer a simples pergunta: Por que não?

## Como aumentar sua consciência?

VEJA Informações

**Saiba o que você procura, e treine seus olhos.**
Os agentes dos serviços secretos conseguem esquadrinham uma multidão para reconhecer riscos. Os executivos de negócios podem fazer algo similar com perguntas como: "E se nossa estratégia estiver errada? Como saberemos?" Fazer perguntas o forçará a prestar atenção às áreas nas quais normalmente você não atenta.

**Desenvolva a (ou pague pela) perspectiva de uma pessoa de fora.**
Peça que essa pessoa ou grupo lhe conte coisas que você não vê de seu ponto de vista. Ainda que saiba que você não pode implementar recomendações radicais, ter mais dados à disposição é vital.

PROCURE Informações

**Questione a ausência de evidência contraditória.**
Receber recomendações sem dados contraditórios é um sinal de alerta de que os membros de sua equipe estão se tornando prisioneiros da consciência confinada. Designe alguém para o papel de inquisidor do diabo (uma pessoa que faça perguntas, em vez do advogado do diabo, que defende um ponto de vista alternativo).

**Procure menos detalhes na maioria dos contextos e mais detalhes em contextos importantes.**
Pense sobre as implicações de um erro; se seria extremamente difícil recuperar-se dele, então, a obtenção de mais informações é uma estratégia sábia.

USE Informações

**"Desembrulhe" a situação.**
Assegure-se de que você não está exagerando um evento e relevando outras informações relevantes. É menos provável que você negligencie dados importantes se pensar conscientemente sobre o amplo contexto da situação.

**Suponha que as informações de que precisa existam em sua organização.**
Muitas vezes existem e, se você mantiver essa atitude, é mais provável que você a descobrirá.

## COMPARTILHE Informações

**Todo mundo tem informações únicas; peça-as explicitamente.**
As agendas de reunião dos altos executivos devem exigir atualizações de todos os membros, aumentando, assim, a probabilidade de que as informações individuais importantes sejam compartilhadas.

**Crie estruturas nas quais o compartilhamento de informações é natural e automático.**
Considere designar para um subordinado a tarefa de coletar informações de muitas fontes.

Originalmente publicado em janeiro de 2006
Reimpressão R0601G

# Competindo com base na análise matemática

THOMAS H. DAVENPORT

## Resumo executivo

TODOS CONHECEMOS o poder dos *killer apps*. Não se trata apenas de um instrumento de apoio; é uma arma estratégica.

As empresas em busca de *killer apps* geralmente concentram todo o poder de fogo em uma área que prometa criar a maior vantagem competitiva. Entretanto, uma nova safra de organizações quer vencer com algo inusitado: Amazon, Harrah's, Capital One e os Boston Red Sox, todos têm dominado seus campos de atuação por terem adotado o uso da análise matemática em uma ampla variedade de atividades.

Numa época em que empresas de muitos setores oferecem produtos semelhantes e utilizam tecnologias comparáveis, os processos de negócios estão entre os poucos pontos de diferenciação que ainda restam — e os concorrentes que utilizam a análise matemática extraem a última gota de valor desses processos. Empregados contratados pela habilidade com os números ou treinados para reconhecer sua importância são armados com a melhor evidência e as melhores ferramentas de análise quantitativa. Em conseqüência, tomam melhores decisões.

Nas empresas que competem com base na análise matemática, os executivos seniores deixam patente — de cima para baixo — que essa técnica é fundamental para a estratégia. Tais organizações lançam múltiplas iniciativas que envolvem dados complexos e análise estatística, e a atividade quantitativa é administrada no nível mais alto (e não departamental) da empresa.

Neste capítulo, o professor Thomas H. Davenport expõe as características e as práticas desses mestres da estatística e descreve algumas das mudanças muito substanciais pelas quais outras empresas devem passar para competir no campo quantitativo. Como seria de se esperar, tal transformação exige investimento significativo em tecnologia, acúmulo de imensas quantidades de dados e formulação de estratégias ao longo de toda a empresa para administrá-los. Contudo, tão importante quanto isso, há exigência do comprometimento inabalável e declarado dos executivos e sua vontade de mudar a maneira de os empregados pensarem e trabalharem e da empresa tratá-los.

---

TODOS CONHECEMOS o poder dos *killer apps*.* Ao longo dos anos, sistemas pioneiros de empresas como a American Airlines (reservas eletrônicas), Otis Elevator (manutenção preventiva) e American Hospital Supply (encomendas on-line) aumentaram significativamente as receitas e as reputações de seus criadores. Essas aplicações muito divulgadas – e cobiçadas – acumularam e aplicaram dados, de modo a exceder as expectativas dos clientes, e otimizaram as operações em níveis nunca vistos. Elas converteram a tecnologia de um instrumental de apoio em arma estratégica.

Empresas em busca de *killer apps* geralmente concentram todo seu poder de fogo em uma área que promete criar a maior vantagem competitiva. Entretanto, uma nova safra de organizações quer vencer com algo inusitado: Amazon, Harrah's, Capital One e os Boston Red Sox têm dominado seus campos de

---

*Nota do Tradutor: Jargão da informática que identifica uma aplicação (software) que ultrapassa os recursos, características e capacidades dos concorrentes – daí a origem do termo: "aplicação que mata os concorrentes". O mais conhecido *killer app* é o Google.

atuação por terem adotado o uso da análise em uma ampla variedade de atividades. Em essência, elas estão transformando suas organizações em exércitos de *killer apps* e esmagando tudo à sua frente no caminho para a vitória.

As organizações utilizam a análise não apenas porque podem – os negócios hoje em dia estão repletos de dados e de *data crunchers*\* – mas também porque devem competir com essa técnica. Em uma época quando empresas de muitos setores oferecem produtos semelhantes e utilizam tecnologias comparáveis, os processos de negócios estão entre os poucos pontos de diferenciação que ainda restam. Os concorrentes, ao utilizarem a análise, extraem a última gota de valor desses processos. Assim como as outras empresas, elas sabem quais produtos seus clientes desejam, mas também sabem quais preços esses clientes estarão dispostos a pagar, quantos itens comprarão durante sua vida e quais atrativos farão as pessoas comprar mais. Como as outras empresas, elas sabem o custo dos salários e as taxas de turnover, mas também podem calcular quanto seu pessoal contribui ou deixa de contribuir ao lucro e como os níveis salariais se correlacionam com o desempenho individual. Como as outras empresas, elas sabem quando os estoques estão baixos, mas também podem prever problemas com a demanda e na cadeia de suprimento, conseguindo obter índices muito baixos de estoques e altos índices de encomendas perfeitas.

As empresas analíticas fazem todas essas coisas de forma coordenada, como parte de uma ampla estratégia apoiada pela direção superior, que é incutida nos tomadores de decisões em todos os níveis. Pessoas contratadas por sua habilidade com números ou treinados para reconhecer sua importância são armadas com a melhor evidência e as melhores ferramentas de análise

---

\**Nota do Tradutor:* Softwares que manipulam gigantescos e complexos bancos de dados, sintetizando seu conteúdo e fornecendo informações condensadas sobre os assuntos mais diversos, como preferências de consumo, perfis psicossociais ou demográficos, segmentações de produtos e mercados etc.

quantitativa. Em conseqüência, tomam melhores decisões: grandes e pequenas, todos os dias, repetidamente.

Embora numerosas organizações tenham abraçado a análise, apenas um punhado delas alcançou tal nível de proficiência. Mas as empresas analíticas são os líderes em seus variados campos de atuação – entre elas, empresas de produtos de consumo, finanças, varejo e viagens e entretenimento. A análise ajudou a Capital One, empresa que, a cada ano, desde que tornou-se uma sociedade anônima, excedeu em 20% o crescimento dos lucros por ação. Ela permitiu que a Amazon dominasse o varejo on-line, tornando-se lucrativa apesar dos enormes investimentos em expansão e infra-estrutura. Em esportes, a arma secreta não são os esteróides e, sim, a estatística, como o atestam as formidáveis vitórias do Boston Red Sox, do New England Patriots e do Oakland A's.

Em tais organizações, a virtuosidade com dados é, em geral, parte de suas marcas. A Progressive consegue tornar assunto de noticiário a sua análise detalhada das taxas individuais de seguros. Os clientes da Amazon podem observar a empresa apreender sobre seus hábitos de compra à medida que seu serviço torna-se cada vez mais personalizado. Graças ao best-seller de Michael Lewis, *Moneyball*, que demonstrou o poder da estatística no beisebol profissional, os Oakland A's são quase tão famosos por seus moedores de dados quanto pela proeza atlética.

Para identificar as características compartilhadas por empresas analíticas, eu e dois de meus colegas do Working Knowledge Research Center da Babson College estudamos 32 organizações que assumiram ter comprometimento com a análise quantitativa baseada em fatos. Onze dessas organizações foram classificadas como empresas que concorrem plenamente envolvidas com a análise, significando dizer que sua alta administração tinha anunciado que a análise era fundamental para as estratégias. Elas tinham múltiplas iniciativas em andamento que envolviam dados complexos e análise estatística, e a atividade quantitativa era administrada no nível mais alto (e não departamental) da empresa.

Este capítulo expõe as características e práticas desses mestres da estatística e descreve algumas das mudanças muito substanciais pelas quais outras empresas devem passar para competir no campo quantitativo. Como seria de se esperar, tal transformação exige investimento significativo em tecnologia, acúmulo de imensas quantidades de dados e formulação de estratégias ao longo de toda a empresa para administrar esses dados. Porém, tão importante quanto, isso também exige o comprometimento inabalável e declarado dos executivos e sua vontade de mudar a maneira de os empregados pensarem e trabalharem e de como são tratados. Como Gary Loveman, CEO da Harrah's, uma empresa analítica, freqüentemente coloca: "Achamos que isso é verdadeiro, ou temos certeza?"

## A anatomia de um concorrente analítico

Um concorrente analítico que está no topo desse jogo é a Marriott International. Ao longo dos últimos 20 anos, essa empresa aperfeiçoou ao nível de ciência seu sistema para estabelecer o preço ideal para os quartos de hóspedes (o processo analítico chave nos hotéis, conhecido como administração da receita). Hoje, suas ambições são muito mais grandiosas. Por meio de seu programa Total Hotel Optimization, a Marriott estendeu sua expertise quantitativa a áreas como eventos e catering, disponibilizando essa ferramenta analítica aos gerentes de sua rede e proprietários de hotéis por meio da internet. Também desenvolveu sistemas para otimizar promoções aos clientes freqüentes e para avaliar a probabilidade de esses clientes desertarem para a concorrência. Concedeu aos gerentes locais de sua rede o poder de anular as recomendações do sistema quando certos fatores locais não podem ser previstos (como, por exemplo, o grande número de refugiados do Furacão Katrina chegando em Houston). A empresa desenvolveu até mesmo um modelo de oportunidade de receitas que calcula as receitas reais como porcentagem dos valores ideais que poderiam ter sido cobrados. Esse índice cresceu de 83% para 91% na medida em que a análise da gestão de receitas criou raízes por toda a empresa. A notícia corre entre os administradores da rede e concessionários: se você quer obter a maior receita de seu negócio, a abordagem da Marriott é a solução.

Evidentemente, organizações como a Marriott não se comportam como empresas tradicionais. Os clientes notam a diferença em cada interação; empregados e vendedores vivem essa diferença todos os dias. Nosso estudo encontrou três atributos-chave entre as empresas analíticas:

### AMPLO USO DE MODELAGEM E OTIMIZAÇÃO

Qualquer empresa pode gerar estatísticas descritivas simples sobre os aspectos de seu negócio – receita média por empregado, por exemplo, ou o tamanho médio de um pedido ou encomenda. Mas as empresas analíticas querem ir bem além da estatística básica. Essas empresas usam a modelagem prognóstica (*predictive modeling*) para identificar os clientes mais lucrativos – aqueles com maior potencial de rentabilidade e os mais prováveis de cancelar suas contas. Elas juntam os dados gerados internamente com os dados adquiridos de fontes externas (que analisam mais profundamente do que seus concorrentes com menor capacidade de análise estatística) para um entendimento mais completo da clientela; otimizam suas cadeias de suprimento e, portanto, podem determinar o impacto de uma limitação inesperada, simulando alternativas e redirecionando encomendas com problemas e estabelecem preços em tempo real para obterem o rendimento mais alto possível de cada uma de suas transações. Essas empresas criam modelos complexos de como seus custos operacionais se relacionam com o desempenho financeiro.

Os líderes no campo da análise utilizam também experimentos sofisticados para medir o impacto total ou a alavancagem das estratégias de intervenção e depois aplicam os resultados para melhorar continuamente as análises subseqüentes. Por exemplo, a Capital One, conduz mais de 30 mil experiências por ano, com taxas de juros diferentes, incentivos, formatos de malas diretas e outras variáveis. Sua meta é aumentar ao máximo a probabilidade tanto dos clientes potenciais contratarem seus cartões de crédito quanto de pagarem suas contas.

A Progressive emprega experimentos semelhantes usando dados amplamente disponíveis do setor de seguros. A empresa define grupos restritos, chamados células, de clientes: por exemplo, motoqueiros com 30 anos ou mais, com educação superior, crédito pessoal acima de um certo nível e sem acidentes. Para cada célula a empresa realiza uma análise de regressão para identificar fatores que mais se correlacionam com as perdas que esse grupo gera. Depois, então, a empresa estabelece taxas para as células, que devem habilitar a empresa a lucrar por meio de um portfolio de grupos de clientes, e utiliza software de simulação para testar as implicações financeiras dessas hipóteses. Com essa abordagem, a Progressive pode segurar seus clientes lucrativamente em segmentos que tradicionalmente são considerados de alto risco. Outras seguradoras rejeitam clientes de alto risco, sem se importar em investigar mais profundamente os dados (embora até mesmo concorrentes tradicionais, como a Allstate, estejam começando a abraçar a análise como estratégia).

## UMA ABORDAGEM EMPRESARIAL

Empresas analíticas entendem que a maioria das funções de negócios – até mesmo aquelas, como o marketing, que historicamente dependiam da arte em vez da ciência – podem ser melhoradas com sofisticadas técnicas quantitativas. Essas organizações não conseguem vantagem competitiva pelo uso de um *killer app* e, sim, por meio de múltiplas aplicações apoiando muitas partes do negócio – e, em alguns poucos casos, sendo disponibilizadas para o uso dos clientes e fornecedores.

A UPS representa a evolução de um usuário da análise direcionada para um concorrente analítico abrangente. Embora a empresa esteja entre os praticantes mais rigorosos do mundo da pesquisa operacional e engenharia industrial, até recentemente suas capacitações tinham enfoque bem estreito. Hoje, a UPS maneja a sua habilidade estatística para rastrear a movimentação das encomendas e para antecipar e influenciar as ações das pessoas – avaliando a probabilidade de ocorrerem atritos com clientes e para identificar fontes de problemas. Por exemplo, por meio da análise dos padrões de uso e queixas, o UPS Client Intelligence Group consegue prever exatamente as deserções de clientes. Quando os dados apontam uma deserção potencial, um vendedor contata esse cliente para revisar e resolver seus problemas, reduzindo significativamente a perda de contas. Falta ainda a amplitude de iniciativas que tornaria a UPS um concorrente analítico completo, mas a empresa caminha nessa direção.

Empresas analíticas tratam tais atividades como uma iniciativa única consistente, freqüentemente classificadas sob uma rubrica como "estratégia baseada em informações", na Capital One, ou "gestão de clientes baseada em informações", no Banco Barclays. Esses programas não operam apenas sob uma rubrica comum, mas também sob uma direção comum e com tecnologia e instrumentais comuns. Em empresas tradicionais, a chamada "inteligência do negócio" (*business intelligence*) (o termo TI – Tecnologia da Informação – é utilizado para identificar funções analíticas, processos subordinados e software relacionado) é geralmente administrada pelos departamentos; as funções encarregadas de manipular os dados e números escolhem seu próprio instrumental, controlam os próprios bancos de dados e treinam seu próprio pessoal. Mas, quando assim organizados, o caos domina. Para começar, a proliferação de planilhas de cálculo e bases de dados desenvolvidas pelos usuários inevitavelmente leva a múltiplas versões dos indicadores-chave dentro de uma organização. Além disso, a pesquisa comprovou que de 20% a 40% das planilhas de cálculo contêm erros; portanto, quanto maior o número de planilhas de cálculo circulando por uma empresa, mais fecundo é o terreno para se criar erros. Em contraposição, as empresas analíticas centralizam seus grupos para assegurar que os dados críticos e outros recursos sejam bem administrados e que as diversas partes da organização possam compartilhar dados facilmente, sem os empecilhos de formatos, definições e padrões inconsistentes.

Algumas empresas analíticas aplicam a mesma abordagem tanto às pessoas quanto à tecnologia. A Procter & Gamble (P&G), por exemplo, criou recentemente uma espécie de *"überanalítica"*, um grupo com mais de cem analistas em funções como operações, cadeia de suprimentos, vendas, pesquisa do consumidor e marketing. Embora a maioria desses analistas esteja alocada nas unidades operacionais, o grupo é administrado de maneira centralizada. Em conseqüência, a P&G pode aplicar uma massa crítica de expertise a seus assuntos mais urgentes. Por exemplo, os analistas de vendas e marketing fornecem aos analistas que projetam redes corporativas de distribuição dados sobre oportunidades de crescimento em mercados existentes. Por sua vez, os analistas da cadeia de suprimentos aplicam sua expertise em certas técnicas de decisão e análise em novas áreas, como a inteligência competitiva (*competitive intelligence*).

O grupo P&G também sustenta dentro da empresa a visibilidade da tomada de decisões com base em análises e bases de dados. Anteriormente, os analistas da P&G tinham melhorado os processos de negócios e economizado dinheiro para a empresa; mas, por estarem confinados a locais dispersos, muitos executivos não sabiam quais serviços ofereciam nem quão eficazes podiam ser. Agora é mais provável que esses executivos utilizem para seus projetos o amplo repositório de expertise que a empresa possui. Nesse ínterim, sua destreza em lidar com dados e números tornou-se parte da história que a P&G conta para investidores, imprensa e público.

## OS ALTOS EXECUTIVOS

Um envolvimento em nível corporativo da análise impulsiona mudanças na cultura, nos processos, no comportamento e nas habilidades para muitos empregados. Assim como ocorre com qualquer transição importante, isso exige a liderança de executivos no escalão mais alto e que tenham paixão pela abordagem quantitativa. O principal advogado dessa mudança deveria ser o CEO e, de fato, achamos vários CEOs que, ao longo dos últimos anos, conduziram a mudança analítica nas suas empresas, incluindo Loveman, da Harrah's, Jeff Bezos, da Amazon, e Rich Fairbank, da Capital One. Antes de aposentar-se da Sara Lee Bakery Group, Barry Beracha, ex-CEO, mantinha uma plaqueta na escrivaninha que resumia sua filosofia pessoal e organizacional: "Em Deus confiamos. Todos os outros devem trazer dados." Defrontamo-nos com algumas empresas nas quais um único líder funcional ou de unidade de negócio tentava promover a análise por toda organização, e alguns conseguiram algum sucesso. Mas percebemos que faltava a essas pessoas em níveis mais baixos a influência, a perspectiva e o alcance interfuncional necessários para mudar a cultura de forma significativa.

Os CEOs que conduzem a mudança analítica precisam simpatizar com a técnica e possuir familiaridade com o assunto. O conhecimento em estatística não é necessário, mas esses excutivos devem entender a teoria por trás dos vários métodos quantitativos, de modo que reconheçam suas limitações – os fatores que estão, ou não, sendo ponderados. Quando precisam de ajuda para entender as técnicas quantitativas, os CEOs procuram os especialistas que entendem do negócio e como a análise pode ser aplicada. Entrevistamos vários executivos que haviam contratado tais especialistas, e esses executivos realçaram a necessidade de se achar alguém que possa explicá-los em linguagem simples e em quem se possa confiar. Alguns CEOs com quem falamos cercaram-se de pessoas muito analíticas — professores, consultores, egressos do MIT e outros profissionais similares, mas isso constituía sua preferência pessoal, e não uma prática necessária.

Evidentemente, nem todas as decisões devem ser baseadas em análise — pelo menos não totalmente. Em particular, assuntos de natureza pessoal são bem e apropriadamente informados pelo instinto e por informações não-científicas. Cresce o número de organizações que submetem seus processos de recrutamento e decisões de contratações à análise estatística (veja no final do capítulo "Números ou intuição"). Porém, a pesquisa demonstra que os seres humanos podem fazer avaliações de personalidade e caráter baseados em simples observação, de forma rápida e surpreendentemente exata, portanto, para os líderes com mente analítica, o desafio reduz-se a saber quando se deve confiar nos números e quando confiar em sua intuição.

## Suas fontes de força

Empresas analíticas são mais do que simples fábricas que manipulam números. Certamente, elas aplicam a tecnologia com uma mescla de força bruta e sutileza — para solucionar problemas de negócios, mas elas também concentram suas energias no intuito de encontrar o enfoque correto, construir a cultura ideal e empregar as pessoas certas para fazerem o uso exato dos dados que constantemente manipulam. No fim das contas, as pessoas e a estratégia, assim como a tecnologia da informação, conferem força a essas organizações.

### O FOCO ADEQUADO

Embora as empresas analíticas estimulem as decisões baseadas em fatos universais, são forçadas a escolher onde alocar os esforços que requerem intensos recursos. Geralmente, selecionam várias funções ou iniciativas que, juntas, apóiam uma estratégia de amplo alcance. A Harrah's, por exemplo, concentrou muito de sua atividade analítica na ampliação da lealdade de seus clientes, serviços de atendimento a clientes e áreas relacionadas como a fixação de preços e de promoções. A UPS estendeu seu foco de logística para seus clientes, interessada em lhes oferecer um serviço de alta qualidade. Enquanto as estratégias multidirecionadas definem as empresas analíticas, os executivos que entrevistamos advertiram as empresas para que não se tornassem demasiadamente difusas em suas iniciativas ou para que não perdessem a visão do propósito do negócio por trás de cada uma dessas iniciativas.

Ao se alocar recursos, outra consideração a se levar em conta é saber quão acessíveis são certas funções à análise profunda. Há ao menos sete intentos comuns para a atividade analítica, e setores específicos podem apresentar as próprias atividades-meta (veja o quadro "Coisas nas quais você pode confiar"). Modelos estatísticos e algoritmos que sugerem a possibilidade de avanços de desempenho tornam especialmente tentadoras algumas perspectivas. O marketing, por exemplo, sempre foi difícil de ser quantificado porque é uma atividade enraizada na psicologia. Contudo, agora as empresas de produtos de consumo podem aperfeiçoar suas pesquisas de mercado usando a chamada teoria da utilidade multiatributo (*multiattribute utility theory*) – uma ferramenta para entender e prever o comportamento e decisões dos consumidores. De maneira similar, o setor publicitário adota a econometria – técnicas estatísticas para mensurar a alavancagem de vendas resultante de anúncios e promoções diferentes, ao longo do tempo.

As empresas que praticam a análise de maneira mais proficiente não medem apenas suas próprias ações e resultados – também ajudam seus clientes e vendedores a medirem as suas realizações. O Wal-Mart, por exemplo, enfatiza que seus fornecedores usem o sistema Retail Link para monitorar o movi-

## Coisas nas quais você pode confiar

Empresas analíticas fazem uso da estatística e modelagem para melhorar uma ampla variedade de funções. Aqui estão algumas

| Função | Descrição | Exemplos |
|---|---|---|
| Cadeia de suprimentos | Simule e otimize os fluxos da cadeia de suprimentos; reduza estoque e itens faltantes. | Dell, Wal-Mart, Amazon |
| Escolha, fidelidade e serviços aos clientes | Identifique clientes com o maior potencial de lucros; aumente a probabilidade de quererem o produto ou serviço oferecido; retenha sua lealdade. | Harrah's, Capital One, Barclays |
| Fixação de preços | Identifique o preço que maximizará as margens ou o lucro. | Progressive, Marriott |
| Capital humano | Selecione as melhores pessoas para tarefas ou trabalhos específicos, em determinados níveis de remuneração. | New England Patriots, Oakland A's, Boston Red Sox |
| Qualidade do produto e do serviço | Identifique antecipadamente problemas de qualidade e minimize-os. | Honda, Intel |
| Desempenho financeiro | Entenda melhor os *drivers* do desempenho financeiro e os efeitos dos fatores não-financeiros. | MCI, Verizon |
| Pesquisa e desenvolvimento | Melhore a qualidade, a eficácia e, onde aplicável, a segurança dos produtos e serviços. | Novartis, Amazon, Yahoo |

mento dos produtos por loja, planejar promoções e layouts dentro das lojas e reduzir as faltas de mercadorias. A E.& J. Gallo oferece a seus distribuidores dados e análise dos custos e preços dos revendedores para que possam calcular a rentabilidade por garrafa para cada um dos 95 vinhos de sua linha. Por sua vez, os distribuidores usam essas informações para ajudar seus revendedores a otimizar o mix de produtos estocados enquanto os convencem a acrescer espaço de prateleira para os produtos da Gallo. A Procter & Gamble oferece dados e análise a seus clientes varejistas, como parte do programa Joint Value Creation, e aos seus fornecedores, para ajudá-los a melhorar o atendimento e reduzir custos. O distribuidor de produtos hospitalares Owens & Minor fornece serviços semelhantes, capacitando seus clientes e fornecedores a acessar e analisar os dados de compra e venda, diligenciar os padrões dos pedidos na busca de oportunidades de consolidação e movimentar compras fora de contratos para agrupar contratos que incluem produtos distribuídos pela Owens & Minor e de seus concorrentes. Por exemplo, a Owens & Minor eventualmente mostrará aos executivos de uma cadeia de hospitais o quanto poderiam economizar consolidando as compras de suas múltiplas unidades ou os ajudará a enxergar as vantagens entre maior número de entregas ou a manutenção de estoques maiores.

## A CULTURA ADEQUADA

A cultura é um conceito difuso; análise é uma disciplina baseada em fatos. Não obstante, as empresas que querem ser analíticas devem incutir o respeito pela medição, pelos testes e pela avaliação das evidências quantitativas. Os empregados são aconselhados a orientar suas decisões por fatos concretos e sabem que seu desempenho é avaliado da mesma forma. Nas empresas analíticas, as áreas de recursos humanos são rigorosas em aplicar métricas a remunerações e recompensas. A Harrah's, por exemplo, realizou uma grande mudança de uma cultura de remuneração baseada em paternalismo e senioridade para uma baseada em medidas de desempenho meticulosamente coletadas com base nos resultados financeiros e serviços aos clientes. Os executivos seniores também dão um exemplo consistente com seu próprio comportamento, exibindo grande confiança em fatos e análise. Um exemplo de tal liderança foi Beracha, da Sara Lee Bakery Group, conhecido como "perdigueiro dos dados", pois perseguia seus funcionários para obter dados que sustentassem qualquer afirmação ou hipótese.

Não surpreende que em uma cultura analítica haja tensão, às vezes, entre os impulsos inovadores ou empreendedores e as exigências por evidência. Algumas empresas colocam menos ênfase nos desenvolvimentos de idéias fantasiosas, em que projetistas ou engenheiros perseguem o brilho nos olhos de alguém. Nessas organizações, a pesquisa e o desenvolvimento, assim como todas as outras funções, são rigorosamente conduzidos com base em métricas. Na Yahoo, Progressive e Capital One, mudanças de processos e produtos são testadas em pequena escala e implementadas assim que validadas. Essa abordagem, bem sedimentada dentro de várias disciplinas acadêmicas e de negócios (incluindo engenharia, gestão da qualidade e psicologia), pode ser aplicada à maioria dos processos corporativos – mesmo a candidatos não tão óbvios como recursos humanos e serviços de atendimento a clientes. Os departamentos de RH, por exemplo, talvez possam criar perfis das características de personalidade dos gerentes e seus estilos de liderança e, então, testar essas pessoas em diferentes situações. Depois poderiam comparar dados de desempenho dos indivíduos com os dados sobre sua personalidade, determinando quais características são mais importantes para administrar um projeto que está atrasado com relação às previsões e para ajudar um novo grupo a assimilar-se.

Há, no entanto, instâncias quando uma decisão para mudar ou tentar algo novo deve ser tomada em tempo curto demais para se realizar uma análise extensa, ou quando não é possível reunir dados de antemão. Por exemplo, apesar de Jeff Bezos, da Amazon, antes de pôr em prática novas características preferir quantificar rigorosamente as reações dos usuários, ele não podia testar sua oferta sem aplicar a massa crítica de livros (120 mil, para começar).* Era também caro desenvolver o experimento, e isso aumentou o risco. Nesse caso, Bezos confiou em sua intuição e decidiu pô-la em funcionamento. Quando o recurso foi implementado, comprovou ser popular.

## AS PESSOAS ADEQUADAS

Empresas analíticas empregam pessoas analíticas – e como todas as empresas que disputam o talento, elas procuram os melhores. Por exemplo, quando a Amazon precisou de um executivo para sua cadeia de suprimentos global, recrutou Gang Yu, um professor de ciência da administração e empresário de software que é uma das principais autoridades mundiais em análise da otimização (*optimization analytics*). O modelo do negócio da Amazon exige que a empresa administre um fluxo constante de novos produtos, fornecedores, clientes e promoções, assim como entregue os pedidos nas datas prometidas. Desde sua chegada, Yu e sua equipe têm projetado e construído sofisticados sistemas da cadeia de suprimentos para otimizar esses processos. Ao disparar

---

* *Nota do Tradutor*: A Amazon revolucionou o mercado da venda de livros pela internet, implementando a modalidade "procure no livro". Trata-se de uma característica que simula na internet a maneira como um leitor dentro de uma livraria examina livros que eventualmente irá comprar. Essa tecnologia permite procurar palavras-chave e "folhear" virtualmente o livro. Dessa maneira, o potencial comprador pode verificar o estilo do autor e seu conteúdo, e decidir se lhe interessa comprá-lo. O leitor certamente percebe a dificuldade de colocar tal esquema em prática, algo que exige que cada livro seja digitalizado, e as páginas escaneadas guardadas em gigantescos bancos de dados e administradas por um software sofisticadíssimo.

frases como "processos estocásticos não-estacionários", ele também explica aos executivos da Amazon as novas abordagens em termos claros na linguagem dos negócios.

Empresas analíticas, como a Capital One, empregam multidões de analistas para conduzir experiências quantitativas e, com o resultado em mãos, projetam ofertas de cartões de crédito e outras promoções. Essas atividades exigem um conjunto especializado de habilidades, como você pode ver nesta descrição de cargo (típica para um analista da Capital One):

> *Amplas aptidões conceituais para a solução de problemas e análise quantitativa... Prática em engenharia, aplicações financeiras, consultoria e/ou outras experiências educacionais ou de ter trabalhado em análise quantitativa. Capacidade para aprender rapidamente a usar aplicações de software. Experiência em modelos Excel. Alguma formação em pós-graduação desejável, mas não necessária (exemplo: MBA). Preferivelmente alguma experiência com metodologia de administração de projetos, ferramentas de aperfeiçoamento de processos (Lean, Seis Sigma) ou estatística.*

Outras empresas empregam tipos semelhantes de pessoas, mas as analíticas os têm em maior quantidade. Atualmente, a Capital One procura três vezes mais analistas do que outros especialistas – dificilmente seria algo praticado em um banco. Seus executivos observaram: "Na verdade somos uma empresa de analistas. É o trabalho primário neste lugar."

Bons analistas devem também ter a capacidade de expressar idéias complexas em termos simples e dispor de habilidades de relacionamento para interagirem com os tomadores de decisões. Uma empresa de produtos de consumo com um grupo de trinta analistas procura pessoas que denomina "PhDs com personalidade", pessoas com habilidades em matemática, estatística e análise de dados que também possam usar a linguagem dos negócios e ajudar a vender seu trabalho internamente e, às vezes, externamente. O líder do grupo de análise de clientes no Wachovia Bank descreve o relacionamento com os outros profissionais que seu grupo procura: "Estamos tentando encaixar nossas pessoas como parte da equipe de negócios", ele explica. "Queremos que elas participem das reuniões de negócios, nas discussões sobre quais são as questões-chave, determinando as informações que o pessoal de negócios necessita e recomendando ações a seus parceiros. Não queremos que esse grupo analítico seja apenas de utilidade geral, e sim que faça parte ativa e crítica do sucesso das unidades de negócio."

Evidentemente, talvez seja difícil achar uma combinação de conhecimentos em análise, negócios e habilidades de relacionamento. Quando a SAS (fabricante de software e, junto com a Intel, patrocinadora dessa pesquisa) sabe que necessitará de um especialista em aplicações de negócios de última geração, como modelagem de prognóstico ou particionamento recursivo (uma forma de análise de árvores de decisão aplicada a um conjunto muito complexo de dados), a empresa começa a recrutar o profissional até 18 meses antes do momento em que espera preencher a vaga.

De fato, o talento analítico representa, no início dos anos 2000, aquilo que o talento de programação representou nos anos 90. Infelizmente, os mercados de trabalho americanos e europeus não estão exatamente repletos de candidatos para trabalhos analíticos sofisticados. Algumas organizações enfrentam esse problema contratando trabalho em países como a Índia, lugar onde se encontram muitos especialistas em estatística. Essa abordagem pode funcionar quando os analistas estrangeiros podem trabalhar em problemas isolados. No entanto, quando houver necessidade de conversas interativas com os tomadores de decisão, a distância pode tornar-se importante barreira.

## A TECNOLOGIA ADEQUADA

Competir por meio da análise significa competir por meio da tecnologia. Enquanto os concorrentes mais sérios investigam os mais recentes algoritmos estatísticos e abordagens científicas para a tomada de decisões, eles também controlam e estendem constantemente a fronteira da Tecnologia da Informação. Um grupo de análise em uma empresa de produtos de consumo foi tão longe que chegou a construir seu próprio supercomputador porque sentiu que os modelos comercialmente disponíveis eram inadequados às suas exigências. Normalmente tais façanhas heróicas não são necessárias, mas a análise levada a sério exige o seguinte:

**Uma estratégia de dados.** As empresas investiram muitos milhões de dólares em sistemas que capturam dados de cada fonte concebível. ERP, CRM, sistemas ponto-de-venda e outros asseguram que nenhuma transação ou relacionamento comercial importante ocorra sem deixar sua marca. Mas, para competir com essas informações, as empresas devem apresentá-las em formatos normais, integrá-las, armazená-las em data warehouses e torná-las facilmente acessíveis. E precisarão de *muitos* destes dados. Por exemplo, uma empresa pode despender vários anos acumulando dados sobre as diferentes abordagens de marketing antes de conseguir reunir quantidade suficientemente confiável para analisar a eficácia de uma campanha publicitária. A Dell contratou a DDB Matrix, uma unidade da agência de propaganda DDB Mundial, para criar (ao longo de sete anos) uma base de dados que inclui 1,5 milhão de registros sobre todos os anúncios veiculados na imprensa, rádio, canais de televisão convencionais e a cabo, acoplando-os com os dados de vendas da Dell para cada região onde os anúncios apareceram (antes e depois de sua veiculação). Essas informações permitem que a Dell refine suas promoções para cada veículo em cada região.

**Software de *business inteligence*.** O termo *business intelligence*, que surgiu no final dos anos 80, inclui uma ampla série de processos e softwares, usados para coletar, analisar e disseminar dados, todos voltados para o aperfeiçoamento da tomada de decisões. As ferramentas de *business inteligence* permitem que os empregados extraiam, transformem e carreguem (ou ETL – Extracting, Transforming e Loading – como as pessoas no setor gostam de dizer) esses dados para análise e, então, disponibilizem essas análises em relatórios, alertas e scorecards. A popularidade da competição analítica é parcialmente o resultado do surgimento de pacotes integrados dessas ferramentas.

**Hardware de computação.** Os volumes de dados exigidos para as aplicações analíticas podem "extenuar" a capacidade dos computadores e servidores com pequeno poder de processamento. Muitas empresas analíticas convertem seus hardwares para processadores de 64 bits, que manipulam rapidamente grandes quantidades de dados.

## A longa estrada pela frente

A maioria das empresas na maioria dos setores tem excelentes motivos para buscar estratégias analíticas. Praticamente todas as organizações que identificamos como empresas agressivas e analíticas são líderes em seus setores e atribuem muito de seu sucesso ao excelente aproveitamento de dados. A crescente concorrência global intensifica a necessidade por esse tipo de proficiência. Por exemplo, as empresas ocidentais, incapazes de bater seus concorrentes indianos ou chineses no custo de seus produtos, podem procurar a vantagem por meio de processos otimizados de negócios.

No entanto, as empresas que somente agora abraçam tais estratégias perceberão que se leva vários anos para usufruir das vantagens da análise. As organizações dentro de nosso estudo descreveram uma longa, às vezes árdua, trajetória. Por exemplo, o UK Consumer Cards and Loans dentro do Banco Barclays levou cinco anos para executar seu plano de aplicar a análise ao marketing de cartões de crédito e outros produtos financeiros. A empresa teve que fazer mudanças de processos em praticamente cada aspecto de seu negócio ao consumidor: riscos de crédito, estabelecimento dos limites de crédito, contas de serviços, controle de fraudes, vendas cruzadas e assim por diante. No lado técnico, a empresa teve que integrar os dados dos 10 milhões de clientes do Barclaycard, melhorar a qualidade dos dados e construir sistemas para elevar a coleta de dados e sua análise. Além disso, a empresa embarcou em uma longa série de pequenos testes para começar a aprender como atrair e reter os melhores clientes com o custo mais baixo. E teve que empregar novas pessoas com habilidades quantitativas do mais alto nível.

Muito do tempo – e despesas correspondentes – que qualquer empresa despenderá para tornar-se concorrente analítico será dedicado a tarefas tecnológicas: refinando os sistemas que produzem dados das transações, disponibilizando os dados em data warehouses, selecionando e implementando software analítico e montando o hardware e o ambiente de comunicações. Tendo em vista que aqueles que não recordam a história estão condenados a repetir seus erros, as empresas que coletaram poucas informações – ou informações erradas – terão que acumular um volume suficiente de dados para sustentarem previsões confiáveis. "Ficamos coletando dados durante seis ou sete anos, mas só se tornaram utilizáveis nos últimos dois ou três, porque precisávamos de tempo e experiência para validar as conclusões baseadas nesses dados", observou um gestor de análise de dados de clientes na UPS.

Evidentemente, novos concorrentes analíticos terão que adquirir novos talentos. (Quando Gary Loveman tornou-se o COO, e depois o CEO, da Harrah's, levou um grupo de especialistas em estatística que podiam projetar e implementar campanhas de marketing e programas de fidelidade baseados em análise quantitativa.) Nesse ínterim, os empregados existentes terão que passar por extenso treinamento. Eles precisam saber quais dados estão disponíveis e todas as maneiras como uma informação pode ser analisada; e devem aprender a reconhecer peculiaridades como dados faltantes, duplicação e problemas de qualidade. Um executivo da Procter & Gamble, com mentalidade analítica, sugeriu-me que as empresas devem começar a reter os gestores em seus cargos durante períodos mais longos por causa do tempo necessário para dominar as abordagens quantitativas usadas em seus negócios.

O renomado patologista alemão Rudolph Virchow disse que a tarefa da ciência era "encontrar os limites daquilo que é conhecido". Empresas analíticas perseguem meta semelhante, embora o universo que procuram conhecer seja mais circunscrito aos comportamentos dos clientes, movimentação de produtos, desempenho dos empregados e reações financeiras. A cada dia, os avanços na tecnologia e das técnicas oferecem controle cada vez melhor do cotidiano das operações das empresas.

Os Oakland A's não são os únicos a jogar "a bola do dinheiro". Empresas das mais diversas espécies querem fazer parte do jogo.

---

### *Números ou intuição*

O DEBATE ANÁLISE *VERSUS* INSTINTO, tema favorito dos comentaristas políticos durante as últimas duas campanhas presidenciais dos Estados Unidos, está assolando os esportes profissionais graças a vários livros populares e vitórias de ampla exposição. Por ora, a opção pela análise parece estar ganhando.

Com maior destaque, a estatística representa parte importante na escolha e indicação de jogadores. *Moneyball*, escrito por Michael Lewis, concentra-se no uso da análise na seleção de jogadores para os Oakland A's – uma equipe que ganha com poucos recursos. O England New Patriots, uma equipe que dedica enorme tempo à estatística, ganhou três dos quatro campeonatos de beisebol, e atualmente sua folha de pagamento é classificada em 24° lugar no ranking da liga. O Boston Red Sox abraçou o chamado "sabermetrics" (a aplicação da análise ao beisebol) e chegou ao ponto de empregar Bill James, o famoso especialista em estatística de beisebol que popularizou esse termo. Estratégias analíticas de relações humanas estão penetrando também no futebol europeu. Uma das principais equipes, o A.C. Milan, da Itália, utiliza modelos de prognóstico de seu centro de pesquisa em Milão para prevenir contusões por meio da análise de dados fisiológicos, ortopédicos e psicológicos, provenientes de uma variedade de fontes. O Bolton Wanderers, a equipe inglesa de futebol que vem se destacando rapidamente, é conhecida pelo fato de seu dirigente usar extensivamente os dados para o desempenho dos jogadores.

Ainda assim, os dirigentes nos esportes, assim como os líderes nos negócios, raramente são pessoas que agem extremosamente – ou somente por meio dos fatos ou da intuição. Por exemplo, o dirigente do St. Louis Cardinals, Tony La Russo, combina brilhantemente a análise com a intuição para decidir quando substituir um batedor cheio de energia ou empregar um jogador com personalidade explosiva para melhorar o moral do time. Em seu recente livro, *Three Nights in August*, Buzz Bissinger descreve esse equilíbrio: "La Russo gostava das informações geradas pelos computadores. Estudava as linhas e colunas, mas também sabia que, em beisebol, havia limitações, talvez até mesmo confundindo-o com o excesso de análise. No que diz respeito a ele, não havia maneira de quantificar o desejo. Quando acrescidos a seus 24 anos de experiência administrativa, aqueles números diziam-lhe exatamente o que precisava saber."

Essa frase final é a chave. Seja examinando os registros de desempenho de alguma pessoa ou observando a expressão distante no rosto de um funcionário, os líderes consultam sua própria experiência para entender a "evidência" em todas as suas formas.

### Você sabe que é analítico quando...

1. Aplica sistemas sofisticados de informação e análise rigorosa não apenas às suas competências básicas, mas também a uma série de funções tão variadas quanto marketing e recursos humanos.
2. Sua equipe executiva sênior não reconhece apenas a importância dos recursos analíticos, mas também faz com que seu desenvolvimento e manutenção recebam atenção prioritária.
3. Você trata a tomada de decisões com base em fatos não apenas como uma melhor prática, mas também como parte da cultura que é constantemente realçada e comunicada pela alta administração.
4. Você não emprega apenas pessoas com habilidades analíticas, mas sim muitas pessoas com a *melhor* habilidade analítica – e as considera fator-chave para o sucesso.
5. Você não emprega apenas a análise em cada função e departamento, mas também considera-a tão estrategicamente importante que você a administra no mais alto nível de sua empresa.

6. Você não é apenas especialista em "moer" números, mas também inventa métricas próprias a serem utilizadas em processos-chave do negócio.
7. Você não emprega apenas dados e análises abundantes em sua empresa, mas também compartilha-os com seus clientes e fornecedores.
8. Você não consome apenas dados, mas também não perde qualquer oportunidade para gerar informações, criando uma cultura "teste e aprenda" com base em numerosas pequenas experiências.
9. Você não se comprometeu apenas a competir com a análise, mas também tem desenvolvido suas capacitações durante vários anos.
10. Você não realça apenas a importância da análise internamente, mas também faz com que suas capacitações quantitativas façam parte da história de sua empresa, compartilhando-as nos relatórios anuais e nas conversas com analistas financeiros.

# Decisões e desejo

GARDINER MORSE

## Resumo executivo

NEM SEMPRE QUANDO TOMAMOS DECISÕES estamos no controle da situação. Em dado momento, deixamos que nossas emoções nos controlem impetuosamente; depois, podemos ser paralisados pela incerteza. Mais adiante "sacamos" brilhantemente uma decisão do nada e nos maravilhamos com o modo como fizemos aquilo. Embora possamos não ter idéia alguma de como a tomada de decisões aconteça, os neurocientistas, perscrutando a fundo nossos cérebros, começam a formar um quadro de como este funciona. Aquilo que estão descobrindo poderá não agradá-lo, mas vale a pena ouvi-los.

Basicamente, temos cérebros de cachorros, com córtices humanos colados em cima. Observando nosso cérebro em funcionamento, enquanto delibera e decide, os neurocientistas estão descobrindo que, para influenciar nossas escolhas, não há um segundo sequer sem que nossos cérebros animais não "dialoguem" com nossos córtices modernos. Os cientistas descobriram, por exemplo, que os circuitos de "recompensa" no cérebro, ativados em resposta à cocaína, ao chocolate, ao sexo e à música também encontram prazer com a mera antecipação de se ganhar dinheiro — ou de se vingar. Os circuitos de "aversão" que reagem à ameaça da dor física também respondem com repugnância quando sentimo-nos enganados por um cônjuge ou parceiro.

Neste capítulo, o editor sênior da *HBR*, Gardiner Morse, descreve as experiências que explicam a participação agressiva de nossos cérebros animais, comandados pelas emoções, na tomada de decisão. Esta pesquisa também demonstra que nossos cérebros emotivos nem sempre funcionam sob o comando de nosso consciente. Às vezes os nossos cérebros de cachorro seqüestram nossas funções cognitivas mais altas para nos conduzir a más decisões, ou a decisões ilógicas, mas também desempenham parte importante na tomada racional de decisão. Quanto mais entendermos como tomamos decisões, melhor poderemos administrá-las.*

---

N EM SEMPRE QUANDO TOMAMOS decisões estamos no controle da situação. Para nosso próprio bem, podemos ser mais impulsivos ou mais ponderados. Em dado momento deixamos que nossas emoções nos controlem e no seguinte somos paralisados pela incerteza. Depois, "sacamos" brilhantemente do nada uma decisão – e nos maravilhamos com o modo como fizemos aquilo. Embora possamos não ter idéia alguma de como a tomada de decisão acontece, os neurocientistas, perscrutando a fundo nossos cérebros, começam a formar um quadro de como funciona. Aquilo que estão descobrindo poderá não agradá-lo, mas vale a pena ouvi-los.

---

*Nota do Tradutor:* O sistema límbico é um conjunto de estruturas cerebrais que inclui o hipocampo e a amígdala e que suporta uma variedade de funções, incluindo as emoções, o comportamento e a memória de longo prazo. O hipocampo é responsável pela memória de longo prazo e a navegação espacial. A amígdala desempenha funções primárias de armazenamento de memórias associadas com eventos emocionais e comanda as reações correspondentes. É essa parte do cérebro que os autores chamam de cérebro animal ou de cachorro.

Quanto mais de perto os cientistas olham nossa maneira de agir e pensar, mais claro fica o quanto somos parecidos com os animais. Basicamente, temos cérebros de cão, com um córtex humano colado por cima, uma espécie de verniz de civilidade. Esse córtex é uma invenção recente evolutiva, que planeja, delibera e decide, porém, não há um segundo sequer sem que nossos cérebros de cachorro não "dialoguem" com nossos córtices modernos, influenciando as escolhas – para o melhor e para o pior – e sem que sequer tomemos conhecimento disso.*

Ao utilizar dispositivos que medem a atividade cerebral, os cientistas podem visualizar como as diferentes partes de nosso cérebro, primitivo e moderno, colaboram e competem ao tomar decisões. A ciência não produzirá qualquer fórmula para a boa tomada de decisões nem para manipular as decisões das pessoas (não obstante a "onda" que envolve o "neuromarketing"), mas quanto melhor entendemos como tomamos decisões, melhor poderemos administrá-las.

## Indo fundo

Examine o que acontece embaixo da superfície do cérebro quando as pessoas jogam o Ultimatum Game,** uma experiência tradicional da economia que contrapõe participantes em uma negociação simples: um jogador tem $10 para dividir com o outro – digamos que você é o receptor. O doador pode oferecer-lhe qualquer quantia de 0 a 10, e pode ficar com o troco – mas só se você aceitar a oferta. Você pode rejeitar qualquer oferta, mas se o fizer, nenhum dos dois recebe. De acordo com a teo-

---

*Nota do Tradutor:* O córtex cerebral é a cobertura dos hemisférios cerebrais, consistindo principalmente em células nervosas e suas ramificações. Elas controlam as funções de pensar, dos movimentos voluntários, a fala, o raciocínio e a percepção. Em outras palavras, este é o nosso dispositivo cognitivo e lógico.
**Nota do Tradutor:* Para uma explicação detalhada do jogo, ver http://en.wikipedia.org/wiki/Ultimatum_game.

ria dos jogos, você deve aceitar qualquer quantia que oferecida, por mais inadequada que seja, porque receber algum dinheiro é melhor do que ficar sem nada.

Evidentemente, não é assim que funciona. Nesses experimentos, quando a oferta diminui para uns poucos dólares, as pessoas receptoras sistematicamente recusam-na, privando-se de alguns cobres por – bem, exatamente por que mesmo? Pergunte a esses participantes e eles dirão, em muitas palavras, que rejeitaram a oferta baixa porque irritaram-se com o parceiro mesquinho (o qual, lembre-se, perde a sua parte também). Não se trata exatamente de triunfo da razão; soa como o cérebro do cachorro funcionando, e é isso mesmo.

Alan Sanfey, neurocientista cognitivo da University of Arizona e seus colegas usaram a ressonância magnética funcional para examinar os cérebros das pessoas enquanto jogavam. (Para uma breve descrição das técnicas de busca do cérebro, veja, no final deste capítulo, "Manchas no cérebro".) À medida que as ofertas tornaram-se cada vez mais "injustas", a ínsula anterior, uma parte do cérebro animal que rege as emoções negativas, incluindo a raiva e a repugnância, ficou cada vez mais ativa, como que registrando uma afronta crescente. Entretanto, a parte do cérebro mais alta, uma área pré-frontal do córtex envolvida com a orientação de metas (neste caso, ganhar dinheiro) estava ocupada também, avaliando a situação. Ao rastrear a atividade dessas duas regiões, Sanfey mapeou aquilo que pareceu ser uma luta entre a emoção e a razão, na medida em que cada uma dessas partes do cérebro procurou influenciar as decisões dos jogadores. Punir o sem-vergonha ou aceitar o dinheiro, mesmo que seja uma mixaria? Quando a aborrecida ínsula anterior estava mais ativa do que o córtex pré-frontal racional e orientado para metas – de certa, forma quando a primeira "gritava" mais alto do que o segundo – os jogadores rejeitavam a oferta. Quando o córtex pré-frontal dominava, os jogadores aceitavam o dinheiro.

(Para uma excursão pelo cérebro, veja, no final do capítulo, "Três cérebros em um".)

Experiências como essa esclarecem a participação agressiva de nossos cérebros animais em todos os tipos de decisões que tomamos, conduzidos pelas emoções. Quando fazemos escolhas, começa a se expor a complexa dança dos circuitos primitivos do cérebro envolvidos com os sentimentos de gratificação e aversão. No Ultimatum Game, parece que nossos cérebros de cachorro seqüestram nossas funções cognitivas mais elevadas para nos levarem, às vezes, a decisões ruins, ou pelo menos, irracionais. Como veremos, nossos cérebros animais também desempenham parte importante na tomada racional de decisões.

## A emoção e a razão

Como o neurologista Antonio Damasio observou, em 1994, em seu livro *Descartes' Error,* a maioria de nós foi ensinada cedo na vida que as decisões inteligentes provêm de cabeça fria. A última coisa que alguém quereria seria a intromissão das emoções no processo metódico da tomada de decisões. Damasio escreve que a visão preponderante supõe que a "lógica formal irá, por si mesma, conduzir-nos à melhor solução disponível para qualquer problema.... para obter os melhores resultados, as emoções devem ser mantidas afastadas". A pesquisa de Damasio derruba essa noção. Damasio demonstrou, com base nos trabalhos de muitos pensadores desse campo, incluindo Marsel Mesulam, Lermart Heimer e Mortimer Mishkin, que os pacientes com danos na parte do córtex pré-frontal, que processa as emoções (ou, de certa maneira, as "escuta") freqüentemente travam uma luta para tomarem até mesmo as decisões mais rotineiras.

Há 20 anos, um paciente chamado Elliot estava entre os primeiros a levantar na mente de Damasio essa possibilidade bizarra. Elliot tinha sido marido, pai e homem de negócios exemplar, mas começou a sofrer severas dores de cabeça e perder de vista suas responsabilidades no trabalho. Logo, seus médicos descobriram um tumor do tamanho de uma laranja em seu cérebro, que empurrava seus lóbulos frontais. Eles o retiraram cuidadosamente, junto com algum tecido danificado do cérebro. Foi durante seu restabelecimento que a família e os amigos descobriram que (como Damasio descreveu) "Elliot não era mais o Elliot". Embora sua linguagem e inteligência estivessem totalmente intactas, no trabalho mostrava-se distraído e não podia administrar o horário. Diante de uma tarefa, deliberaria durante uma tarde inteira sobre como abordar o problema. Ele deveria organizar por data os papéis nos quais trabalhava? Pelo tamanho de cada documento? Pela relevância do caso? De fato, ele realizava a tarefa bem demais, considerando cada opção possível – mas à custa de alcançar a meta maior. Ele não conseguia mais alcançar decisões eficientemente, particularmente de cunho pessoal e social e, apesar de esse defeito ter lhe sido mostrado repetidamente, ele não conseguia corrigi-lo.

Embora exames do cérebro de Elliot revelassem danos na porção central (ou ventromedial) dos lóbulos frontais, testes demonstraram que QI, memória, aprendizagem, linguagem e outras capacitações eram boas. Contudo, quando Elliot foi testado para reações emotivas, a verdadeira natureza de sua deficiência veio à tona. Depois de ver imagens de alto impacto emocional – fotografias de pessoas feridas e casas em chamas – Elliot mostrou que o que antes evocava emoções fortes, agora não mexia com seus sentimentos. Ele nada sentia.

Desde então, Damasio e seus colegas têm estudado mais de 50 pacientes com danos cerebrais similares aos de Elliot e que compartilham essa combinação de defeitos emocionais e de tomada de decisões. Os pesquisadores descobriram que pacientes com avarias em partes do sistema límbico, um antigo grupo de estruturas cerebrais importante para gerar emoções, também tinham dificuldades em tomar decisões. Há algo crítico na tomada de decisões quando ocorre o "diálogo" no cérebro entre a emoção e a razão, mas, o quê?

Chame-o intuição. Ou pressentimento. Ou, mais precisamente, "pré-pressentimento", para usar o termo de Damasio. Em uma famosa série de experiências projetadas por Antoine Bechara, colega de Damasio na University of Iowa, pacientes com danos como os do Elliot e que abafavam as emoções cerebrais comprovaram que em um jogo de baralho geralmente eram lentos em detectar uma jogada perdedora. (Malcolm Gladwell oferece uma narrativa deste jogo em seu best-seller *Blink*.)

Nesse jogo, os jogadores selecionavam cartas de baralho vermelhas e azuis, ganhando e perdendo seu dinheiro com cada escolha. Os jogadores foram ligados a dispositivos similares aos detectores de mentiras que medem a resposta de condutância da pele, ou SCR (skin conductance response), que aumenta conforme o seu nível de estresse e o suor das palmas das mãos. Depois de verem aproximadamente 50 cartas, a maioria dos jogadores percebe que há algo de errado com os montes vermelhos e, depois de mais 30 cartas, eles podem explicar exatamente o que há de errado. Mas tendo tirado apenas 10 cartas, as palmas de suas mãos começam a suar quando puxam cartas dos montes vermelhos. Parte de seus cérebros *sabe* que os montes vermelhos são uma má escolha, e começam a evitá-la — apesar de não reconhecerem o problema conscientemente até puxarem mais 40 cartas e depois mais 30 cartas, quando podem explicar o que está acontecendo. Bem antes de terem um pressentimento sobre o monte vermelho, um pré-pressentimento subconsciente adverte-os para que evitem-no.

Embora os pacientes com danos cerebrais compreendam que os montes vermelhos foram armados contra eles, nunca apresentaram o umedecimento das palmas das mãos. Apesar de já saberem conscientemente do embuste, continuaram a escolher cartas do monte vermelho. O que não percebiam? As partes avariadas de seus cérebros, no córtex pré-frontal, pareciam incapazes de processar os sinais emotivos que conduzem à tomada de decisões. Sem esse intérprete das emoções empurrando-os na direção certa (aos montes ganhadores), esses pacientes ficaram rodando em círculos, incapazes de agir sobre aquilo que sabiam. Aparentemente, não podiam decidir o que era bom. Você poderia dizer que lhes faltava bom senso.

## Risco e recompensa

Você não precisa ser um neurocientista para perceber como o cérebro emotivo pode deturpar em muito o discernimento. Pergunte apenas a qualquer pai. Do bebê subindo prateleiras para conseguir um doce até o adolescente que sai de casa sorrateiramente para praticar sexo inseguro, a criançada aparenta ter uma lacuna perigosa de bom senso. Seu mau comportamento freqüentemente parece desafiar o racional (e às vezes desafia mesmo), mas o problema verdadeiro talvez seja que os seus cérebros ainda não desenvolveram os circuitos que judiciosamente equilibram os riscos e as recompensas, conduzindo a decisões sensatas. Aqui está um lugar onde os neurocientistas podem oferecer insight especial.

Os lóbulos frontais do cérebro, tão críticos para a tomada de decisões, não amadurecem plenamente até depois da puberdade. Até então, a rede neural, que liga o córtex pré-frontal ao restante do cérebro, ainda está em construção. Ao mesmo tempo, as partes do cérebro que incitam ao comportamento impulsivo parecem particularmente diligentes nos jovens. Por exemplo, Gregory Berns e seus colegas na Emory University descobriram que certos circuitos neuronais ainda em desenvolvimento nos cérebros dos adolescentes tornam-se hiperativos quando os jovens sentem estímulos especialmente agradáveis. O cérebro de um adolescente é constituído para favorecer gratificações imediatas e inesperadas, mesmo quando sabe que sua busca poderá resultar em algo ruim.

De certa forma, os adolescentes ainda têm que completar as redes neurais que manifestam a força de vontade. Parece que o córtex pré-frontal é a sede da força de vontade – a capacidade de se levar em consideração a perspectiva a longo prazo quando avaliamos os riscos e as recompensas. Como tal, essa área do cérebro está em contato próximo com as estruturas e os circuitos do cérebro animal emotivo que procura gratificações e nos alerta dos perigos.

Muito do trânsito entre as partes primitivas e modernas de nossos cérebros é dedicado a essa avaliação consciente de riscos e recompensas. Embora o circuito neural da recompensa e da aversão dos animais seja muito parecido com o nosso, ao contrário dos animais, nós, humanos, podemos enxergar além e determinar o resultado da decisão em perseguir uma gratificação imediata. E podemos extrair prazer imediato da possibilidade de alguma gratificação futura.

## A excitação que provém da "caça"

Jean-Paul Sartre era um mulherengo famoso, mas para ele a excitação estava na "caça". Conforme escreveu Louis Menand na *New Yorker*: "Ele tirava enorme satisfação da conquista mas pequeno prazer do sexo (e, assim, normalmente terminava a parte carnal fria e rapidamente)." Os assédios de Sartre sublinham um fato fundamental sobre como nossos cérebros sentem gratificações. Seja por sua reação a uma conquista sexual, a uma transação arriscada ou ao uso de uma droga que vicia, o cérebro freqüentemente distingue claramente entre a emoção da caça (a expectativa) e o prazer da consumação.

Tanto nos jovens como nos adultos, o desejo do cérebro por uma gratificação é uma das fontes principais de mau discernimento, porém, seria errado culpar apenas uma única parte do cérebro pelo mau aconselhamento resultante dessa procura pela gratificação. Na realidade, o cérebro tem um complexo sistema de circuitos de recompensa que se estende de seu fundo (cérebro animal) ao topo (córtex), de sua parte velha à nova. Esses circuitos interagem para nos motivar a procurar as coisas das quais gostamos e nos avisar quando as achamos. Hans Breiter, neurocientista do Massachusetts General Hospital, foi um dos primeiros a usar a ressonância magnética funcional para explorar esse sistema de recompensas. Em colaboração com o economista comportamental Daniel Kahneman e colegas, Breiter demonstrou que as regiões do cérebro que respondem à cocaína ou à morfina são as mesmas que reagem à possibilidade de ganhar dinheiro e realmente consegui-lo. Talvez não seja surpreendente que chocolate, sexo, música, rostos atraentes e carros esportivos também despertem esse sistema de gratificação. Curiosamente, como veremos, a vingança faz o mesmo. (Embora o trabalho de Breiter sugira que existe grande sobreposição entre os circuitos cerebrais da busca de gratificações e de aversão à perda, este capítulo os discutirá separadamente.)

Os circuitos de recompensa dependem de uma "sopa" de químicas para comunicar; a principal delas é o neurotransmissor dopamina. Freqüentemente, a dopamina é referida como a "substância química do prazer", porém esse é um termo impróprio. Trata-se mais de um facilitador ou regulador do prazer. (O escritor Steven Johnson chama-o "contador do prazer".) Produzido nas estruturas antigas de nossos cérebros animais, a dopamina ajuda a regular o apetite do cérebro por recompensas, que detecta quão satisfatoriamente as recompensas alcançam as expectativas.

Apetites bem regulados são cruciais para a sobrevivência. Sem tal controle, nossos antepassados não teriam caçado para se alimentar nem procurado parceiros sexuais, e você não estaria aqui para ler este capítulo. Por outro lado, a busca desenfreada por recompensa não é muito conveniente também, conforme o demonstram pacientes com seus sistemas de dopamina danificados. Considere o que aconteceu a Bruce (como o chamarei), um programador, que não tinha tido nenhum histórico de problemas psiquiátricos. Bruce nunca tinha sido um jogador, porém, aos 41 anos, começou a jogar compulsivamente, desperdiçando na internet milhares de dólares em questão de semanas. Começou a comprar compulsivamente coisas que nem precisava nem desejava. Para espanto de sua esposa, começou a exigir sexo várias vezes por dia.

Se não fosse por um detalhe, a história de Bruce não seria mais do que uma pequena nota de rodapé em uma página na bibliografia médica: teve doença de Parkinson, e justamente antes de suas compulsões começarem, seu neurologista havia receitado uma nova droga – pramipexol (dicloridrato de pramipexol; nome comercial: Sifrol) – que alivia os tremores da doença, pois imita a dopamina. Quando Bruce descreveu ao neurologista suas inquietantes novas paixões, o médico, suspeitando que o pramipexol talvez estivesse envolvido, aconselhou-o a reduzir a dosagem. Bruce parou de tomar a droga completamente e, dois dias depois, seus desejos de jogar, comprar e praticar sexo várias vezes ao dia simplesmente desapareceram. Era, ele disse, "como se um interruptor tivesse sido desligado".

Casos como os de Bruce revelam o extraordinário poder de nosso apetite por recompensas alimentado pela dopamina – distinto das gratificações em si – que se sobrepõe brutalmente sobre a razão. Mas e o restante de nós que nos comportamos de formas aparentemente mais equilibradas com relação a nosso desejo de gratificação? Evidentemente funcionamos melhor do que Bruce, mas muitos dos mesmos circuitos estão funcionando em nós também – e, como tal, às vezes nossas procuras não são tão racionais quanto achamos que sejam.

## MOSTRE-ME O DINHEIRO

Os economistas achavam que as pessoas trabalham porque depositam valor nas coisas que o dinheiro pode comprar (ou, em termos econômicos, gostam da "utilidade" do dinheiro). Contudo, estudos em neurociência demonstram que a busca do dinheiro é uma recompensa em si. Em um conjunto de experimentos, Brian Knutson, neurocientista de Stanford, usou a ressonância magnética funcional para observar como os cérebros de voluntários reagiram à possibilidade de receber dinheiro. Entre as regiões do cérebro que se iluminaram na experiência estava o *nucleus accumbens*, sinalizando, de maneira primitiva, "Você *quer* isto". (Ratos com eletrodos plantados perto do *accumbens* apertavam uma alavanca que estimulava essa área até que sucumbiam à exaustão.) Quanto mais alta for a recompensa monetária, mais ativo tornava-se o *accumbens*, porém a atividade cessava quando os voluntários realmente recebiam o dinheiro – sugerindo que era a antecipação, e não a recompensa, que os estimulava.

Como Knutson apresenta, o *nucleus accumbens* parece agir como o acelerador que impele nosso desejo por recompensas, enquanto a parte do córtex pré-frontal é o volante que dirige a procura por recompensas no sentido de metas específicas. Quando se trata de ganhar dinheiro, ter o *accumbens* no acelerador é freqüentemente desejável – entre outras coisas, ele motiva o alto desempenho no trabalho. Mas, quando você pisa no acelerador, quer ser levado na direção certa.

**DOCE VINGANÇA**

Não surpreende que a possibilidade de conseguir dinheiro, alimento ou sexo estimule nossos circuitos de gratificação. Mas e a vingança? Veja Clara Harris. Seu nome não parece conhecido, mas você provavelmente se lembrará de seu caso. Harris é a dentista de Houston que, em 2002, ao encontrar seu marido e sua recepcionista-amante em um estacionamento de motel, atropelou-o com seu Mercedes. O que ela estava *pensando*? De acordo com o relato da Associated Press na época de sua condenação por assassinato em 2003, Harris testemunhou: "Eu não sabia quem estava dirigindo... Tudo pareceu um sonho." Ela disse: "Eu não pensava em nada."

Ninguém pode saber exatamente o que se passou na mente da Harris quando ela acelerou, mas seu próprio testemunho e a conclusão do júri declarando que ela agiu sob "paixão repentina" sugere uma mulher em estado de cólera vingativa cujo cérebro emotivo ofuscou qualquer deliberação racional. Sabemos que um desejo de retaliar, de punir outros por mau comportamento, ainda que leve, e mesmo que isso tenha um custo pessoal, pode distorcer a tomada de decisão. Você recorda o jogo o Ultimatum Game, no qual um jogador podia aceitar ou rejeitar a oferta de dinheiro de outro jogador. As varreduras cerebrais de Alan Sanfey das pessoas, que nesses jogos sentiam desejo de vingança, demonstra como o sentido de repugnância moral manifesta-se (ao menos parcialmente) no cérebro. Mas qualquer um que já tenha "acertado as contas" com outra pessoa sabe que o desejo da vingança é mais do que uma resposta zangada a um ressentimento. Como dizem, a vingança é doce – até mesmo a *contemplação* de sua realização futura é doce.

Quando os pesquisadores Dominique J.F. de Quervain, Ernst Fehr e colegas, da University of Zurich, escanearam com um dispositivo PET voluntários durante um jogo similar ao Ultimatum – eles descobriram certos circuitos de recompensa que o estriato[*] do cérebro ativou quando os jogadores anteciparam, e depois realmente puniram, os parceiros "malcomportados". Além disso, quanto maior fosse a ativação do estriato, maior seria a vontade de o voluntário sacrificar o ganho pela oportunidade de castigar o oponente. Ao mesmo tempo, os pesquisadores viram ativação no córtex medial pré-frontal, a parte deliberativa do cérebro superior que se

---

[*]*Nota do Tradutor*: O estriato é uma porção subcortical do telencéfalo. Nos seres humanos é ativado por estímulos associados à recompensa, mas também por estímulos de aversão, novidades e surpresas, bem como por sinais exteriores que fornecem pistas correlacionadas – imagens de crimes hediondos, rostos deformados, animais perigosos, cenas de suspense em um filme, turbulências em vôos etc.

supõe avaliar os riscos e as recompensas. Uma vez mais, os neurocientistas parecem ter captado em ação um combate entre o emocional e o racional.

Essas mesmas regiões do cérebro – o estriato que busca recompensas e o córtex pré-frontal ponderador – ambos sendo ativados pela agradável possibilidade de vingança – também são ativadas quando as pessoas antecipam oferecer recompensas a parceiros que cooperam. Embora os comportamentos dos jogadores sejam opostos – outorgar uma recompensa *versus* aplicar um castigo – seus cérebros reagem da mesma maneira, em ansiosa antecipação de satisfazer uma experiência social – desagradável ou prazerosa.

## Medo e aversão

Assim como os circuitos de gratificação do cérebro, seus sistemas para perceber e tomar decisões sobre riscos são poderosos e sujeitos a erro. Freqüentemente esse fato confronta-nos diretamente. Por exemplo, muitas pessoas sofrem de pavor paralisante com a antecipação de terem que voar de avião, algo sem ligação com seus verdadeiros riscos. O tempo todo, as pessoas tomam a decisão irracional de viajar de carro em vez de avião, acreditando, em nível irracional, que é mais seguro, mesmo sabendo – no nível racional – que não é.

Esse comportamento é parcialmente devido à amígdala,[*] uma estrutura perto da base do cérebro. Colin Camerer, economista comportamental e experimental do Instituto de Tecnologia da Califórnia, chama a amígdala de o "hipocondríaco interno", que fornece sinais emotivos em ritmo acelerado, e em resposta a ameaças potenciais. Também foi chamado o "local do

---

[*]*Nota do Tradutor*: Localizada no telencéfalo (porção anterior das vesículas encefálicas), é a parte do cérebro que controla a memória (de fatos ocorridos no passado), as emoções e o medo. É na amígdala que se originam as reações "isto é perigoso" ou "isto não faz mal" e "vou enfrentar" ou "caio fora".

medo", responsável pela produção do medo e também por aprender com experiências passadas a ter medo de certos estímulos. A amígdala responde instantaneamente a toda forma de ameaças potenciais percebidas e presta especial atenção às sinalizações sociais. Isso conduz a boas decisões e, freqüentemente, a decisões muito ruins.

**ENCARE SEU MEDO**

Veja como a amígdala influencia as primeiras impressões: experiências com tomografias do cérebro demonstram que ela se ativa quando as pessoas vêem aranhas, cobras, expressões assustadoras, rostos que parecem não merecer confiança – e rostos de outras raças. É fácil entender como a reação *"isto é uma ameaça"* a uma cobra poderia conduzir a decisões boas, particularmente há milhões de anos, em algum lugar na savana. Mas como explicar uma reação instintiva que diz *"tome cuidado"* quando alguém vê um rosto de raça diferente?

Os estudos com ressonância magnética mostraram que quando brancos vêem rostos negros, a amígdala torna-se mais ativa do que quando vêem rostos brancos; similarmente, em negros, a amígdala reage mais a rostos brancos do que a negros. Tomado isoladamente, esse achado nada diz sobre as atitudes conscientes das pessoas. Mas pesquisa feita por Mahzarin Banaji, um cientista de ética social de Harvard, e colegas indica que mesmo aquelas pessoas que conscientemente acreditam que não sentem qualquer preconceito racial, freqüentemente têm sentimentos inconscientes negativos com relação aos "grupos de fora" – gente diferente delas. (Para mais informações sobre esse trabalho leia "How (Un)ethical Are You?" de Banaji, Max Bazerman e Dolly Chugh na edição de dezembro de 2003 da *Harvard Business Review*.) Os pesquisadores também descobriram que quanto maior for o preconceito inconsciente da pessoa nesses testes, mais ativa é sua amígdala.

Os pesquisadores são muito cautelosos ao interpretar esses resultados. A conclusão superficial de que nossos cérebros animais automaticamente temem pessoas de outras raças provavelmente não é correta. Mas esse e trabalhos relacionados sugerem que nossas conexões cerebrais são tramadas de modo que, de certa maneira, estejamos preparados – aprendemos facilmente – para entrar em estado de alerta quando encontramos pessoas que parecem diferentes. (A pesquisa também sugere que essa reação preparada pode ser reduzida por meio do contato positivo com pessoas de outras raças – mas esse não é assunto para ser discutido aqui.)

De um lado, devemos ficar satisfeitos com nossas amígdalas por nos advertirem de perigo potencial antes de nosso cérebro consciente captar que algo está errado, porém, um circuito cerebral que era indispensável a nossos antepassados, advertindo-os de ameaças legítimas como cobras, certamente contribui hoje para uma série de más decisões irracionais. No caso de nossa prontidão para temermos os grupos de fora, pense sobre as incontáveis oportunidades perdidas e más decisões tomadas por pessoas boas que não nutrem conscientemente preconceitos raciais, mas que, não obstante, por causa de um mecanismo cerebral irracional, negaram ofertas de trabalho, promoções ou recusaram empréstimo porque sua amígdala, sem motivo válido, lhes sinalizou: "Tome cuidado."

## A RODA DO AZAR

O papel da amígdala em nos avisar sobre perigos reais ou imaginários parece estender-se até mesmo à ameaça de se perder dinheiro. No laboratório de Breiter os pesquisadores monitoraram a atividade cerebral enquanto voluntários observaram imagens de roleta, cada uma tendo uma flecha que girava e que, quando parasse, indicaria certa quantia de dólares, podendo representar um ganho, uma perda ou nada. Já na primeira observação ficava evidente que algumas rodas produziam ganhos enquanto outras claramente resultavam em perdas. Quando as rodas "perdedoras" giravam, as amígdalas dos voluntários, ativadas até mesmo antes de as flechas pararem, sinalizavam o incômodo sobre as perdas que percebiam iriam acontecer.

Por trás da amígdala o cérebro possui outra região de aversão ao risco, que nos afasta de estímulos desagradáveis. Você se lembra de que no jogo Ultimatum Game era a ínsula[*] anterior que reagia com repugnância à oferta mesquinha do outro jogador? Essa região também é ativada quando as pessoas pensam que estão em vias de experimentar dor ou ver algo chocante. Assim como os nossos circuitos que buscam a gratificação, os circuitos que querem evitar perdas – envolvendo a amígdala e a ínsula anterior – nos são muito úteis – quando não nos levam a exagerar e a tomar decisões ruins.

Veja, por exemplo, as decisões de investimento. Os investidores que deveriam rotineiramente estar concentrados em aumentar ao máximo os ganhos arriscam quando não deveriam e não arriscam quando deveriam. (Entre as razões que distorcem a busca de ganhos encontra-se um comportamento diferenciado: as pessoas ponderam diferentemente perdas e ganhos equivalentes; elas sentem-se mais à vontade em evitar uma perda de $100 do que em conseguir um ganho de $100.) Para verificar o que acontecia em suas cabeças quando as pessoas faziam más escolhas de investimento, os pesquisadores de Stanford, Camelia Kuhnen e Brian Knutson, conduziram voluntários a um jogo de investimento enquanto seus cérebros eram escaneados com ressonância magnética funcional.

Nesse jogo, os voluntários escolhiam entre duas ações diferentes e uma obrigação, ajustando suas escolhas em cada rodada

---

[*] *Nota do Tradutor*: A ínsula ou córtex insular faz parte do sistema límbico. Segundo os neurocientistas, ela seria responsável pela transformação dos estímulos físicos em reações emocionais. Isto explicaria porque temos reações emocionais prazerosas ou desagradáveis ao ver determinadas imagens, tocarmos determinados objetos, ouvirmos certos sons, experimentarmos certos alimentos ou sentirmos dados odores.

do jogo com base no desempenho dos investimentos da rodada anterior. Enquanto a obrigação gerava um retorno constante, com uma das ações era mais provável ganhar dinheiro ao longo de uma série de rodadas (a chamada ação "boa"); com a outra, perdia-se dinheiro (a "má" ação). Kuhnen e Knutson descobriram que mesmo quando os jogadores tinham desenvolvido o senso sobre qual era a ação boa, ainda assim, depois de terem apostado em uma ação perdedora, eles freqüentemente escolhiam a obrigação (sem riscos) – algo que os pesquisadores denominaram "erro resultante da aversão ao risco". Em outras palavras, mesmo sabendo que em cada rodada deveriam escolher a ação boa, quando confrontados com uma perda, agiam irracionalmente.

As imagens da ressonância revelaram essa aversão ao risco desenrolando-se. Antes de escolher a segurança das obrigações, a ínsula frontal dos jogadores ativava-se, sinalizando sua ansiedade (talvez ainda não-consciente). De fato, quanto mais ativa era essa região primitiva do cérebro, mais avessos ao risco eram os jogadores – freqüentemente a seu desfavor.

## Conheça seu cérebro

Por mais controversas que tivessem sido suas idéias, Freud não estava tão longe da verdade quando propôs a luta entre o id animalesco e o superego racional. Mas pode ter sido por demais generoso na avaliação do superego e em sua capacidade de canalizar nossas emoções. Os neurocientistas estão demonstrando que os circuitos cerebrais emotivos e deliberativos estão em interação constante (alguns diriam "em luta"), e o primeiro, para o bem ou para o mal, freqüentemente ganha a disputa. Além disso, com cada novo estudo, torna-se cada vez mais claro quão rápida, sutil e poderosamente os nossos impulsos inconscientes funcionam. Dispare, por alguns centésimos de um segundo, na tela uma imagem de uma pessoa zangada ou um rosto feliz e a sua amígdala reage instantaneamente – mas *você*, seu consciente, não faz nenhuma idéia do que viu (esse é o fenômeno que rege a indução subliminar).

Breiter, do Massachusetts General Hospital, acredita que quanto mais aprendemos sobre a ciência da motivação do cérebro, mais prontamente tal conhecimento pode ser aplicado aos negócios. Ele salienta: "Os estilos de tomada de decisões e de administração das pessoas provavelmente surgem de impulsos motivacionais comuns no cérebro. Se um administrador foi 'programado' para arriscar mais ou evitar o risco, ou for mais orientado a procurar uma meta em vez de alcançá-la, isso afetará a maneira como administra e toma decisões." Breiter diz que com a clareza de nosso crescente entendimento de como as motivações básicas afetam as decisões conscientes, deverá ser possível adequar os incentivos. Por exemplo, um gestor que demonstre preferência pela "caça" se satisfará com incentivos que aumentam sua motivação para alcançar metas em vez de simplesmente ir buscá-las.

A pesquisa em neurociência também nos ensina que nossos cérebros emotivos nem sempre devem operar embaixo de nossa consciência. Richard Peterson, psiquiatra que aplica a teoria comportamental da economia em seu negócio de consultoria em investimentos, aconselha seus clientes a cultivarem a autoconsciência emotiva, observar seu estado de espírito à medida que sua disposição varia e refletir sobre como seus humores podem influenciar as decisões. Em particular, ele aconselha as pessoas a prestarem muita atenção aos sentimentos de excitação (um sinal ampliado da busca de gratificações) e temor (uma expressão intensa da aversão por perdas) e a se indagarem quando tais sentimentos surgem: "O que causa isto? De onde vieram esses sentimentos? Qual é o contexto dentro do qual tenho esses sentimentos?" Peterson diz que ao monitorar conscientemente seu estado de espírito e as decisões correlacionadas, as pessoas podem tornar-se usuárias mais inteligentes de suas intuições.

Esse conselho pode soar familiar, pois encontra-se no cerne de livros como *Blink* e *The Power of Intuition,* de Gary Klein, que prometem ajudar os leitores a melhor aproveitarem suas intuições. Contudo, cultivar o autoconhecimento emocional poderá parecer um exercício fútil para os executivos treinados a enquadrar os problemas metodicamente, a considerar alternativas, coletar dados, ponderar as opções e, então, decidir – ou ao menos isso poderá lhes parecer um instrumental que não é vital na tomada de decisões. O quadro que emerge dos laboratórios de neurociência é que se você ignorar sua intuição será por sua própria conta e risco. Esteja você negociando uma aquisição, contratando um funcionário, manobrando uma promoção, concedendo um empréstimo, confiando em um parceiro – enfim, realizando qualquer "jogo" – fique ciente de que seu cérebro de cachorro está ocupado com a sua própria avaliação da situação, de modo cada vez mais intenso e mensurável, e freqüentemente tem e realiza a própria pauta. Seria melhor que você prestasse atenção.

## Manchas no cérebro

AS BELÍSSIMAS IMAGENS COLORIDAS das varreduras do cérebro que aparecem na imprensa implicam que os cientistas localizam a posição exata dos sentimentos no cérebro, como medo, repugnância, prazer e confiança. Mas os pesquisadores que realizam esse trabalho são altamente cuidadosos em opinar sobre o que exatamente essas manchas coloridas mostram. Os dois métodos mais comuns de varredura cerebral, PET (positron emission tomography – tomografia por emissão de pósitrons) e fMRI (functional magnetic resonance imaging – ressonância magnética funcional) oferecem apenas aproximações daquilo que realmente ocorre no cérebro. PET, o processo mais antigo e menos popular entre os dois, mede o fluxo do sangue no cérebro; fMRI mede a quantidade de oxigênio no sangue. O fluxo local de sangue e a oxigenação indicam quão ativa é uma parte do cérebro, porém, no melhor dos casos, essas técnicas oferecem uma fotografia instantânea bruta. Geralmente, esses scanners não podem ver nada menor do que uma insignificância e só capturam uma imagem a cada dois segundos. No entanto, a atividade neural no cérebro pode ocorrer em uma fração do tempo que os scanners levam para captar a imagem. Assim, as imagens que vemos são para impressionar, e as conclusões a que os pesquisadores chegam normalmente são qualificadas e questionadas freqüentemente. Assim como as próprias imagens, os detalhes sobre o funcionamento do cérebro só agora começam a ficar mais claros.

## Três cérebros em um

PENSE EM SEU CÉREBRO como sendo composto por três camadas, o evolutivamente mais velho e mais simples no centro e o mais moderno e complexo na parte externa. Em cima da espinha dorsal – o centro do cérebro – situam-se as estruturas mais primitivas, as que compartilhamos com os répteis e peixes, e que controlam as funções básicas de sobrevivência, como a respiração e a fome. Embrulhados ao redor destas encontra-se o antigo sistema límbico, que compartilhamos com os cachorros e outros mamíferos. Contendo o tálamo, a amígdala e o hipocampo, essa é a sede das emoções básicas como medo, agressividade e satisfação. Essa é a parte do cérebro que permite que seu cão pareça tão feliz quando você chega em casa e o peixinho não dê a mínima bola.

Envolvendo essas estruturas mais velhas está o moderno córtex, a massa cinzenta dobrada que todos reconhecemos como sendo o cérebro humano. Os cachorros, chimpanzés e outros mamíferos têm córtices, mas o nosso cresceu a um tamanho enorme. O córtex administra todos os tipos de processos mais elevados do cérebro, como a audição e a visão. Os lóbulos frontais e, em particular, o córtex pré-frontal (na frente dos lóbulos frontais) são as partes que nos tornam humanos. São os centros da personalidade, da argumentação e dos pensamentos abstratos. Freqüentemente, o córtex pré-frontal é denominado a parte "executiva" do cérebro porque, na formação de objetivos e planejamento, leva em consideração os inputs ao longo de todo cérebro.

Originalmente publicado em janeiro de 2006
Reimpresso R0601C

# Vencendo uma cultura de indecisão

RAM CHARAN

**Resumo executivo**

A MAIOR CAUSA do baixo rendimento corporativo é a incapacidade de levar a execução das decisões adiante. De acordo com o autor Ram Charan, tais fracassos normalmente resultam de interações pessoais que não dão certo. Charan afirma neste capítulo, originalmente publicado em 2001, que essas interações deficientes raramente ocorrem isoladamente. Na maioria das vezes, são típicas da maneira como as grandes e pequenas decisões são tomadas (ou não) dentro de uma organização. A incapacidade para desencadear a ação decisiva tem sua origem na cultura da empresa.

Charan diz que os líderes criam essa cultura de indecisão – e podem quebrá-la fazendo três coisas: primeiro, devem engendrar honestidade intelectual nas interações entre as pessoas. Segundo, devem assegurar que os encontros operacionais nos quais ocorre interação social – reuniões, revisões e outras situações nas quais as pessoas da corporação negociam – têm no seu bojo a honestidade do diálogo. E terceiro, os líderes devem assegurar que o feedback e a conclusão* sejam usados para recompensar o alto desempenho, devem recompensar aqueles que se esforçam e desencorajar aqueles cujos comportamentos bloqueiam o progresso da organização.

Ao adotar essas três abordagens e aproveitar cada encontro para torná-lo uma oportunidade para modelar o diálogo aberto e honesto, os líderes podem estabelecer o tom para uma organização sair da paralisia para a ação.

---

*Todo mundo sabe que a função do CEO é tomar decisões. E a maioria deles as toma — incontáveis vezes, ao longo de seus mandatos. Contudo, se essas decisões têm que causar impacto, a organização toda deve decidir executá-las. As empresas que não fazem isso sofrem de uma cultura de indecisão.*

*Em seu artigo de 2001, Ram Charan, um dos preeminentes conselheiros de CEOs no mundo, trata o problema de como as organizações que rotineiramente se abstêm de agir de acordo com as decisões de seus CEOs podem se livrar da indecisão. Normalmente, surge a ambivalência ou a total resistência por falta de diálogo com as pessoas encarregadas da execução da decisão em questão. Charan denomina tais conversas de "diálogos decisivos" e diz que estes apresentam quatro componentes: Primeiro, devem envolver uma busca sincera por respostas. Segundo, devem tolerar verdades desagradáveis. Terceiro, devem envolver uma ampla gama de pareceres, oferecidos espontaneamente. Quarto, devem indicar o caminho para um curso de ação.*

*Em organizações bem-sucedidas em modificar uma cultura de indecisão, a discussão é sempre segura. No entanto, o baixo desempenho não o é.*

---

*Nota do Tradutor:* No original, *follow-through*. Aqui a expressão é utilizada no sentido de que tudo o que se decide deve levar a uma ação ou a uma série de ações que precisam ser completadas (concluídas) para que a decisão seja realmente implementada. Caso contrário, todo o processo decisório terá sido em vão.

ISTO LHE SOA FAMILIAR? Você está envolvido com a revisão trimestral dos negócios, enquanto um colega apresenta uma proposta para um grande investimento em um novo produto – seu relatório tem duas polegadas de espessura. Quando ele termina, a sala fica em silêncio. As pessoas olham para a esquerda, para direita ou para baixo, esperando que outra pessoa abra a discussão. Ninguém quer comentar – ao menos até que o chefe se manifeste sobre qual posição privilegia.

Finalmente, o CEO quebra o silêncio, faz algumas perguntas levemente céticas para demonstrar que fez adequadamente a lição de casa, mas fica evidenciado que decidiu apoiar o projeto. Não passa muito tempo, e os outros participantes da reunião concordam obedientemente, cuidando em manter um tom positivo nos comentários. Julgando pelas observações, parece que todos na sala apóiam o projeto.

Mas as aparências podem enganar. O líder de uma divisão relacionada com esse projeto preocupa-se que o novo produto tirará recursos de sua operação. O vice-presidente de manufatura acha que as previsões de vendas do primeiro ano são demasiadamente otimistas, algo que o deixará com os armazéns repletos de mercadoria não-vendida. Outros na sala estão "mornos" porque não enxergam como irão ganhar algo com o projeto. Mas mantêm para si as reservas, e a reunião termina sem conclusão. Ao longo dos próximos poucos meses, o projeto vai sendo enterrado lentamente durante uma série de revisões estratégicas, orçamentárias e operacionais. Não fica claro quem é responsável pelo "enterro", mas fica evidente que o verdadeiro sentimento na sala contrariava o consenso aparente.

Em minha carreira como consultor de grandes organizações e seus líderes, testemunhei muitas ocasiões, mesmo nos níveis mais altos, quando as mentiras silenciosas e uma falta de encerramento das discussões levaram a decisões falsas. Elas são "falsas" porque eventualmente foram desfeitas por fatores não-expressos e pela inércia. Depois de um quarto de século de observações de primeira mão, concluí que essas instâncias de indecisão compartilham semelhança muito familiar – uma lacuna nas interações pessoais que supostamente deveriam produzir resultados. As pessoas encarregadas de chegar a uma decisão e agir com relação a ela não conseguem se conectar e engajar-se umas com as outras. Intimidadas pelas dinâmicas de grupo, pela hierarquia e limitadas por formalidades e falta de confiança, elas expressam suas opiniões mecanicamente e sem convicção. Ao faltar o comprometimento emocional, as pessoas que devem executar o plano não agem decisivamente.

Essas interações falhas raramente ocorrem isoladamente. Muito mais freqüentemente, são típicas da maneira como as decisões, grandes e pequenas, são tomadas – ou não – em determinadas empresas. A incapacidade de agir decisivamente é fundamentada na cultura corporativa e aos empregados parece ser impossível mudar tal comportamento.

A palavra-chave aqui é "parece", porque, de fato, são os líderes que criam uma cultura de indecisão, e são eles mesmos que podem quebrá-la. O instrumento primário à sua disposição são as interações humanas – os diálogos – por meio das quais as suposições são questionadas ou não, as informações são compartilhadas ou não, discordâncias são trazidas à baila ou são escondidas. O diálogo é a unidade básica do trabalho em uma organização. A qualidade do diálogo determina como as pessoas reúnem e processam informações, como tomam decisões e como uns se sentem com relação aos outros e o resultado dessas decisões. O diálogo pode levar a novas idéias e à velocidade para se constituírem em vantagem competitiva. É o único fator mais importante subjacente à produtividade e o crescimento do trabalhador do conhecimento (*knowledge worker*). De fato, o tom e o conteúdo do diálogo configura os comportamentos e as crenças das pessoas

– isto é, a cultura corporativa – mais rápida e definitivamente do que qualquer sistema de remuneração, mudança estrutural ou declaração de visão que eu tenha visto.

Quebrar uma cultura de indecisão exige um líder que pode gerar honestidade intelectual e confiança nas relações entre as pessoas. Aproveitando cada encontro com seus subordinados como uma oportunidade para modelar um diálogo aberto, honesto e decisivo, o líder dita o tom para a organização inteira.

Porém, ditar o tom é apenas o primeiro passo. Para transformar uma cultura de indecisão, os líderes também devem assegurar que os chamados "mecanismos operacionais sociais" – encontros de trabalho nos quais haja interação social, isto é, as reuniões do comitê executivo, as revisões orçamentárias e estratégicas e outras situações nas quais as pessoas fazem negócios - tenham, em seu bojo, a honestidade do diálogo. Esses mecanismos preparam o caminho. Conectados e praticados consistentemente, estabelecem claras linhas de responsabilidade para se alcançar decisões e para executá-las.

A conclusão e o feedback são os passos finais para se criar uma cultura decisiva. Os líderes bem-sucedidos utilizam a conclusão e o feedback honesto para recompensar os de alto desempenho, treinar e desenvolver aqueles que se esforçam e redirecionar o comportamento daqueles que bloqueiam o progresso da organização.

Em síntese, os líderes criam uma cultura de comportamento decisivo atentando para seu próprio diálogo, tomando cuidado com os mecanismos de interação entre as pessoas e por meio da conclusão e do feedback apropriados.

## Tudo começa com o diálogo

Geralmente os estudos das empresas bem-sucedidas concentram-se em seus produtos, modelos de negócio ou forças operacionais: o sistema operacional da Microsoft que conquistou o mundo, a fabricação sob encomenda em massa da Dell, a proeza logística do Wal-Mart. No entanto, os produtos e as forças operacionais não são as características que realmente distinguem as organizações bem-sucedidas – todas aquelas vantagens podem ser imitadas. O que não pode ser facilmente duplicado são os diálogos decisivos e os mecanismos operacionais robustos e suas conexões com o feedback e a conclusão. Esses fatores constituem vantagem competitiva mais duradoura da organização e dependem profundamente do caráter do diálogo que o líder exibe, influenciando, assim, toda a organização.

O diálogo decisivo é mais fácil de reconhecer do que de definir. Ele encoraja a incisividade e a criatividade e torna coerentes idéias aparentemente fragmentadas e sem ligação. Permite que as tensões venham à tona e, então, as resolve arejando plenamente cada ponto de vista relevante. Tendo em vista que tal diálogo é um processo de indagação intelectual, uma busca da verdade em vez de uma competição, as pessoas sentem-se emotivamente comprometidas com o resultado. O resultado parece ser "certo" porque as pessoas ajudaram a formá-lo. Elas estão estimuladas e prontas para agir.

Há pouco tempo, observei o poder do diálogo de um líder na formação da cultura de uma empresa. O cenário era uma multinacional americana importante. O executivo principal de um das maiores unidades de negócio da empresa fazia uma apresentação estratégica ao CEO e a alguns de seus colaboradores seniores. Parecendo confiante, quase arrogante, expôs sua estratégia para tornar a sua divisão líder na Europa, a despeito de atualmente ocupar a terceira posição. Era um plano ambicioso que dependia de se conseguir capturar rapidamente *market share* relativamente grande na Alemanha, onde o concorrente principal era uma empresa local e quatro vezes maior do que essa divisão. O CEO elogiou a apresentação arrebatada e visionária e depois começou um diálogo para testar se o plano era realista. "Como exatamente você espera conseguir tais ganhos?", perguntou em alto tom. "Que outras alternativas você considerou? Quais clientes você planeja conquistar?" O gerente da unidade não havia planejado tão adiante. "Como você definiu as necessidades dos clientes de maneira nova e inovadora? Quantos vendedores você tem?", perguntou o CEO.

"Dez", respondeu o executivo.

"Quantos tem seu concorrente principal?"

"Duzentos", veio a resposta encabulada.

O CEO continuou a pressionar: "Quem opera a Alemanha para nós? Até aproximadamente três meses atrás, ele não estava em outra divisão?"

Se a discussão tivesse acabado ali, o CEO só teria humilhado e dissuadido esse executivo, enviando um sinal aos outros de que os riscos de pensar grande eram inaceitavelmente altos. Mas o CEO não estava interessado em matar a estratégia e desmoralizar a equipe daquela unidade de negócio. Ao interrogar, ele o estava treinando, querendo injetar algum realismo no diálogo. Falando francamente, mas não de modo grosseiro, ele disse ao gerente da unidade que precisaria mais do que bravata para vencer um concorrente alemão formidável dentro de seu campo. Em vez de assalto frontal, o CEO sugeriu-lhe buscar os pontos fracos da concorrência e ganhar pela velocidade da execução. Onde estão as lacunas na linha de produtos do concorrente? Você consegue inovar algo que possa preenchê-las? Quais são os compradores mais prováveis de tal produto? Por que não se concentrar neles? Em vez de focar no ganho de *market share*, tente ressegmentar o mercado. Repentinamente, aquilo que parecia ser um beco sem saída abriu-se para novos insights e, no fim da reunião, foi decidido que o gerente da unidade repensaria a estratégia, retornando três meses depois com uma alternativa mais realista. Um executivo-chave, cuja proposta estratégica havia sido categoricamente rejeitada, deixou a sala sentindo-se estimulado, desafiado e mais focado sobre a tarefa que tinha pela frente.

Pense no que aconteceu. Embora talvez não tenha sido óbvio desde o início, o CEO não tentava afirmar sua autoridade nem humilhá-lo. Ele quis assegurar que as realidades competitivas não ficariam encobertas e quis treinar os presentes na argúcia em negócios e na competência da organização, assim como na bela arte de fazer as perguntas certas. Ele não desafiou a estratégia proposta por motivos pessoais, mas por razões de negócio.

O diálogo afetou as atitudes e o comportamento das pessoas de formas sutis e não tão sutis: elas foram embora sabendo que devem procurar oportunidades não-convencionais e que devem estar preparadas para responder a perguntas incômodas e inevitáveis. Elas também souberam que o CEO estava a seu lado. Elas se convenceram de que o crescimento era possível e a ação era necessária. E algo mais aconteceu: começaram a adotar o tom do CEO nas reuniões subseqüentes. Quando, por exemplo, o principal executivo da unidade alemã encontrou-se com seu pessoal sênior para informá-los sobre a nova abordagem ao mercado alemão, as perguntas que lançou a seu chefe de vendas e a chefe do desenvolvimento de produtos foram direcionadas, precisas e diretamente dirigidas a colocar a nova estratégia em ação. Ele tinha captado o estilo de seu chefe de se relacionar com os outros, assim como desenvolveu sua maneira de extrair, peneirar e analisar informações. A unidade inteira tornou-se mais determinada e estimulada.

O CEO não deixou a questão por aí. Deu seguimento com uma carta de uma página, enviada ao executivo da unidade, declarando a essência do diálogo que tiveram e as ações que deveriam ser executadas. Em três meses se encontrariam novamente para discutir a estratégia revisada. (Para mais informações sobre como desenvolver diálogos decisivos, leia no final deste capítulo "Diálogos assassinos".)

## Como o diálogo se torna ação

O cenário no qual o diálogo se desenrola é tão importante quanto o diálogo em si. Os mecanismos operacionais sociais das culturas corporativas decisivas assinalam os comportamentos por meio de quatro características: franqueza, candura, informalidade e conclusão. Franqueza significa que o resultado não é predeterminado. Há uma busca honesta por alternativas e novas descobertas. Perguntas como "O que não estamos enxergando?" atraem as pessoas e sinalizam a boa vontade do executivo de ouvir todos os lados. Os líderes criam uma atmosfera de segurança que permite conversas animadas, aprendizado em grupo e confiança.

A candura é um pouco diferente. Trata-se da boa vontade em falar aquilo que as pessoas não gostam de exprimir, expor compromissos não realizados e colocar na mesa os conflitos que subvertem o consenso aparente. Candura significa que as pessoas expressam suas opiniões verdadeiras, não aquilo que acham que os participantes de equipe supostamente dirão. A candura ajuda a eliminar as mentiras silenciosas e vetos ocultos que ocorrem quando as pessoas concordam com coisas que não têm a mínima intenção de colocar em ação. Ela previne o retrabalho desnecessário e as revisões de decisões que impedem a produtividade.

A formalidade impede a candura; a informalidade encoraja-a. Quando as apresentações e os comentários são duros e "pré-empacotados", sinalizam que a reunião toda foi cuidadosamente orquestrada. A informalidade cria o efeito contrário. Reduz a defensiva. As pessoas sentem-se mais à vontade para perguntar, reagindo honestamente, e a espontaneidade é estimulada.

Se a informalidade areja a atmosfera, a conclusão impõe disciplina. Conclusão significa que, no fim da reunião, as pessoas sabem exatamente o que se espera que façam. A conclusão produz determinação por alocar às pessoas responsabilidades e prazos fatais em um fórum aberto. Ela testa a força interior do líder e seus recursos intelectuais. A falta de conclusão, em conjunto com a falta de penalidades, é o motivo principal para uma cultura de indecisão.

Um mecanismo operacional social forte inclui essas quatro características. Tal mecanismo abrange as pessoas certas e acontece na freqüência certa.

Quando no início de 1999 Dick Brown chegou na Electronic Data Systems (EDS), resolveu criar uma cultura que fizesse mais do que elogiar falsamente os ideais de colaboração, franqueza e determinação. Tinha um grande trabalho pela frente. A EDS era conhecida por seu pessoal brilhante e agressivo, mas seus empregados tinham a reputação de competirem entre si tão freqüentemente quanto colaboravam uns com os outros. A organização era marcada por uma cultura de heróis solitários. As unidades operacionais individuais tinham pouco ou nenhum incentivo para compartilhar informações ou cooperar entre si para conseguir negócios. Havia poucas sanções para os comportamentos "solitários" e para o não-cumprimento das metas de desempenho. A indecisão andava solta. Como um veterano da empresa destacou: "Reuniões, reuniões e mais reuniões. As pessoas não podiam tomar decisões, não tomariam decisões. Elas não precisavam tomá-las. Não havia responsabilidade." A EDS perdia negócios. A receita estava estagnada, os lucros declinavam e o preço da ação da empresa estava muito baixo.

O princípio básico da filosofia administrativa de Brown é "Os líderes obtêm o comportamento que toleram." Pouco depois que chegou na EDS, ao longo de um ano, instalou seis mecanismos operacionais sociais que sinalizavam que não toleraria a velha cultura de individualismo desmedido e encobrimento de informações. Um desses mecanismos era o "telefonema do desempenho", conforme era conhecido em toda empresa. Uma vez por mês, os 100 principais executivos da EDS ao redor do mundo participam de uma teleconferência na qual os resultados e as atividades críticas do mês passado são revisados em detalhe. As regras são transparência e informações simultâneas; a retenção ou encobrimento de informações não é mais possível. Todos sabem quem atingiu as metas para o ano, quem está na frente das projeções e quem está atrás. Aqueles que estão atrás devem explicar o porquê – e como planejam retornar aos resultados planejados. Não basta que um gestor diga estar avaliando, revisando ou analisando o problema. Essas não são as palavras de alguém que age, Brown diz. São as palavras de alguém preparando-se para agir. Usá-las na frente de Brown é incitar duas perguntas em resposta à tal explicação: Quando você acabar a sua análise, o que fará? E quando o fará? A única maneira de as pessoas que trabalham com Brown respondê-las satisfatoriamente é tomar uma decisão e executá-la.

Os telefonemas de desempenho são também um mecanismo para arejar e resolver os conflitos inevitáveis em uma grande organização, particularmente quando se trata de vendas cruzadas que visam acelerar o crescimento da receita. Por exemplo, duas unidades podem estar atrás do mesmo cliente, ou a empresa de um cliente atendido por uma unidade pode ter sido adquirida por um cliente atendido por outra unidade. Qual unidade deve continuar as tentativas de venda? Qual unidade deve atender à entidade adquirida? É de importância vital resolver essas questões. Abandoná-las drena não apenas energia emotiva, mas também diminui a capacidade de a organização agir decisivamente. A falta de velocidade torna-se desvantagem competitiva.

Brown encoraja as pessoas a trazerem esses conflitos à baila porque enxerga isso como sinal de saúde na organização e porque isso cria uma oportunidade para demonstrar o estilo de diálogo que advoga. Tenta criar um ambiente seguro para tratar a discórdia, lembrando aos funcionários que o conflito não é pessoal.

O conflito é inerente em qualquer organização global e Brown acredita que seja essencial que todos pensem em termos da organização inteira, não apenas em um pequeno canto dela. Em vez de procurar a solução que favoreça a sua unidade, procurarão a solução que seja favorável para a EDS e seus acionistas. Soa simples, até mesmo óbvio, porém, em uma organização caracterizada no passado por heróis solitários e interesses pessoais, exercícios altamente visíveis em resolução de conflitos lembram às pessoas que elas devem alinhar seus interesses pessoais com os da empresa como um todo. Não é suficiente emitir a mensagem uma vez e supor que ela penetrará. O comportamento só é modificado por meio da repetição. Realçar a mensagem repetidamente com mecanismos operacionais sociais como o telefonema mensal de desempenho – recompensando ou punindo as pessoas com base em sua adesão a tais princípios – é um dos instrumentos mais poderosos de Brown para produzir as mudanças comportamentais que introduzem mudança cultural genuína.

Evidentemente, nenhum líder deve participar de cada reunião, resolver cada conflito nem tomar cada decisão. Contudo, por projetar mecanismos operacionais sociais que promovem o livre fluxo, e o diálogo produtivo, os líderes influenciam como os outros executam essas tarefas. De fato, é por meio desses mecanismos que o trabalho de forjar uma cultura decisiva é realizado.

Outra corporação que emprega mecanismos operacionais sociais para criar uma cultura decisiva é a Pharmacia, gigante farmacêutica multinacional. A abordagem da empresa ilustra um ponto que repetidamente realço a meus clientes: a estrutura divide; mecanismos operacionais sociais integram. Apresso-me em acrescentar que a estrutura é essencial. Se uma organização não dividiu tarefas, funções e as responsabilidades, ela jamais consegue que algo seja feito. Contudo, os mecanismos operacionais sociais são necessários para direcionar para um objetivo as várias atividades contidas dentro de uma estrutura. Mecanismos bem projetados executam tal integração de funções. Mas, não importando quão bem projetados, os mecanismos também necessitam que o diálogo decisivo funcione adequadamente.

Dois anos depois que a Pharmacia incorporou em 1995 a Upjohn, seu CEO, Fred Hassan, decidiu criar uma cultura inteiramente nova para a entidade combinada. A organização que vislumbrou seria colaboradora, focada nos clientes e rápida. Ela fundiria os talentos díspares de uma empresa global para desenvolver drogas pioneiras no mercado – e faria isso mais rápido do que a concorrência. O mecanismo primário para incentivar a colaboração: os líderes das várias unidades e funções empenhar-se-iam freqüentemente em diálogos construtivos.

A corrida da empresa para desenvolver uma nova geração de antibióticos para tratar infecções resistentes a drogas permitiu à administração da Pharmacia uma oportunidade para testar o sucesso de seus esforços em edificar uma nova cultura. Juntos, o dr. Göran Ando, chefe de pesquisas e desenvolvimento, e Carrie Cox, líder da administração do negócio global, criaram um mecanismo operacional social que abrangia alguns dos principais cientistas, clínicos e profissionais de marketing da empresa. Já era um passo arrojado juntar as três funções regularmente. Normalmente, o desenvolvimento de uma droga desenrola-se por meio de uma série de passagens do bastão. Um grupo de cientistas faz o trabalho básico da descoberta da droga, então passa seus resultados a um segundo grupo, que submete a droga a avaliações clínicas, por um ano ou mais. Se, e quando, o remédio recebe o selo de aprovação da Food and Drug Administration, esse segundo grupo passa a droga para o pessoal de marketing, que concebe um plano de mercado. Só então a droga é passada ao departamento de vendas, que começa a divulgação com médicos e hospitais. Suplantando essa cadeia processual, substituindo-a por um processo no qual os cientistas, clínicos e profissionais de marketing seriam responsáveis, em conjunto, pelo fluxo do desenvolvimento e marketing, os dois líderes objetivavam desenvolver uma droga que melhor atendesse às necessidades dos pacientes, tivesse potencial mais alto de receitas e fosse desenvolvida a uma velocidade maior, conquistando, assim, vantagem competitiva. Dessa maneira, quiseram criar um gabarito para esforços futuros similares de colaboração.

O sistema de remuneração da empresa reforçou esse modelo colaborador ligando explicitamente a compensação às ações do grupo. A compensação de cada membro seria baseada no momento quando a droga estivesse pronta para venda, no tempo que a droga levasse para alcançar o pico de lucratividade e nas vendas totais. O sistema incentivava os membros do grupo a conversarem abertamente entre si e a compartilharem livremente as informações, mas faltava a faísca criativa. As primeiras poucas vezes que o grupo de desenvolvimento da droga se reuniu, seus membros concentraram-se em discutir quase que exclusivamente as suas diferenças, que eram consideráveis. Sem entrar em clichês, é seguro afirmar que cientistas, clínicos e profissionais de marketing tendem a ter maneiras diferentes de falar, pensar e se relacionar, e cada um desses agrupamentos tendeu a defender o que enxergava como sendo seus interesses, em vez de procurar os interesses dos acionistas e dos clientes. Foi nesse ponto que Ando e Cox tomaram conta do processo, lembrando ao grupo que era importante colaborar uns com os outros, porém, mais importante ainda, era produzir uma droga que fosse ao encontro das necessidades dos pacientes e vencesse a concorrência.

Agindo juntos, os dois líderes canalizaram a conversa para um diálogo produtivo focalizado em uma tarefa comum. Compartilharam o que sabiam sobre o desenvolvimento e o marketing farmacêutico e comprovaram que os cientistas podiam aprender a pensar um pouco como os profissionais de marketing e estes um pouco como os cientistas. Atacaram o desafio emocional de resolver abertamente os conflitos para demonstrar como discordar, às vezes fortemente, sem animosidades e sem perder de vista o propósito comum.

De fato, veja como um diálogo ajudou o grupo a tomar uma decisão que converteu uma droga promissora em enorme sucesso. Para simplificar a pesquisa e o processo de avaliação clínica, os cientistas do grupo tinham começado a procurar um antibiótico que seria eficaz contra um número limitado de infecções e seria usado só como "terapia de salvamento" em casos agudos, quando terapias antibióticas convencionais tivessem falhado. Mas, o intenso diálogo com os profissionais de marketing resultou em informações de que os médicos eram receptivos a uma droga que funcionaria para um largo espectro de infecções. Queriam uma droga que tratasse infecções agudas completamente, aplicando-a mais cedo, no começo do curso da doença, fosse em grandes doses por via intravenosa ou em doses menores, utilizando pílulas. Os cientistas modificaram seu foco, e o resultado foi o Zyvox (linezolida), um dos maiores sucessos farmacêuticos dos últimos tempos. Tornou-se a "estrela" na campanha da Pharmacia para promover uma cultura caracterizada pela colaboração interfuncional e a execução rápida. Por meio do diálogo, o grupo criou um produto que nenhum dos cientistas, clínicos, nem profissionais de marketing, separadamente, poderia ter vislumbrado ou produzido. O mecanismo que criou esse diálogo aberto tronou-se prática corrente na Pharmacia.

## Conclusão e feedback

A conclusão está no DNA das culturas decisivas e acontece pessoalmente, no telefone ou na conduta da rotina de um mecanismo operacional social. A falta de conclusão destrói a disciplina de execução e reforça a indecisão.

Uma cultura de indecisão modifica-se quando grupos de pessoas são compelidos a serem sempre sinceros, e poucos mecanismos encorajam mais eficientemente a sinceridade do que as revisões de desempenho e de remuneração, especialmente se são ligadas explicitamente a mecanismos operacionais sociais. No entanto, muito freqüentemente, o processo de revisão de desempenho é tão ritualizado e vazio quanto as reuniões de negócios que descrevi no começo deste capítulo. Tanto o funcionário quanto seu superior querem terminar tudo tão depressa quanto for possível. Continue a fazer seu bom trabalho, aqui está seu aumento e vamos nos assegurar de fazermos isso outra vez no ano que vem. Desculpe – mas tenho que sair agora. Não há nenhuma conversa genuína, nenhum feedback e, o pior de tudo, nenhuma possibilidade de o funcionário conhecer as verdades, às vezes dolorosas, que o ajudariam a crescer e a se desenvolver. Excepcionais sistemas de remuneração morrem pela falta de diálogo sincero e defesas emocionais dos líderes.

Na EDS, Dick Brown concebeu um processo de avaliação e revisão que praticamente força os gestores a se empenharem em diálogos sinceros com seus subordinados. Todos na empresa são classificados e remunerados de acordo com o bom desempenho comparado com seus pares. Esse sistema mostrou ser uma das características mais controversas da gestão de Dick Brown – alguns funcionários acham que é uma forma darwiniana de separar os vencedores dos perdedores, jogando um colega contra o outro.

Brown insiste que este não é o objetivo do sistema de classificação. Ele o vê como a maneira mais eficaz de recompensar os melhores executores e mostrar aos retardatários onde necessitam melhorar. Mas, para que funcione da forma como foi concebido, servindo a seu propósito de ampliar o repositório de talentos, o sistema precisa da dose correta de diálogo. Os líderes devem dar feedback honesto a seus subordinados diretos, especialmente àqueles que obtiveram as avaliações mais fracas.

Brown recorda um encontro que teve pouco depois de o sistema ter sido implantado e seus resultados publicados. Um empregado, que se considerava um dos melhores da EDS, ficou chocado em descobrir que fora classificado entre os mais fracos da lista. "Como isso podia ter acontecido?", o empregado perguntou. "Este ano realizei meu trabalho tão bem quanto no ano passado, e no ano passado meu chefe me deu uma pontuação excepcional." Brown respondeu que podia cogitar duas possíveis explicações. A primeira era que o empregado não era tão bom em seu trabalho quanto pensava. A segunda possibilidade era que, ainda que realizasse um bom trabalho, igual ao do ano passado, seus pares estavam se desempenhando melhor. Brown concluiu: "Se você permanece na mesmice, fica para trás."

Esse encontro revelou a possibilidade de, no ano anterior, o superior imediato do funcionário em questão ter lhe dado uma avaliação menos do que honesta, evitando, assim, a tarefa desagradável de lhe dizer onde falhava. Brown entende por que um gestor talvez seja tentado a evitar uma conversa muito dolorosa. Dar feedback negativo testa a força de um líder. Porém, o feedback crítico faz parte daquilo que Brown chama de "elevação intensiva da liderança" (*heavy lifting of leadership*). Evitá-lo, diz, "sentencia a organização à mediocridade". Além disso, por deixar de fornecer feedback honesto, os líderes traem seu pessoal, privando-o das informações que precisam para melhorar.

O feedback deveria ser muitas coisas: sincero, construtivo, inexoravelmente focado no desempenho comportamental, na responsabilidade e na execução. Surpreendentemente, uma coisa não deve ser, Brown diz: "Um líder deve construir sua avaliação durante o ano todo, oferecendo sua avaliação durante todo esse período. Você tem 20, 30, 60 oportunidades por ano para compartilhar suas observações. Não deixe passá-las. Se, no fim do ano, alguém se surpreende realmente com aquilo que você tem a lhe dizer, isso constitui um fracasso de liderança."

EM ÚLTIMA INSTÂNCIA, mudar uma cultura de indecisão é questão de liderança. É uma questão de fazer perguntas difíceis: Quão seguros e eficazes são nossos mecanismos operacionais sociais? Estão bem interligados? Contam com as pessoas certas e a freqüência adequada? Mantêm um ritmo e operam consistentemente? A conclusão está inserida em seu processo? As recompensas e punições são correlacionadas aos resultados do diálogo decisivo? O mais importante: Quão produtivo é o diálogo dentro desses mecanismos? Nosso diálogo é caracterizado por sinceridade, candura, informalidade e conclusão?

Transformar uma cultura de indecisão é uma tarefa árdua que demanda todas as habilidades de escuta, perspicácia em negócios e experiência operacional que um líder corporativo possa ter. Mas também é igualmente importante que a pessoa tenha firmeza emocional, seja capaz de promover a conclusão e a força interior. Nunca é fácil fazer as perguntas certas; identificar e resolver conflitos; prover feedback imparcial e construtivo e diferenciar as pessoas com sanções e recompensas. Muitas vezes isso é totalmente desagradável. Não surpreende que muitos executivos seniores evitem a tarefa. Em síntese, eles se poupam do desgaste emocional considerável. Contudo, essa sua fuga confere o tom a uma organização que não pode compartilhar inteligência, tomar decisões nem enfrentar conflitos, muito menos resolvê-los. Aqueles que fogem dessas atribuições desagradáveis não entendem a essência da liderança eficaz. Os líderes com a força para insistir em diálogos honestos e conclusão não serão recompensados apenas com uma organização decisiva, mas também com uma mão-de-obra que se sente estimulada e engajada.

### Diálogos assassinos

O DIÁLOGO em suas reuniões drena a energia? Se não estimula as pessoas e se concentra naquilo que fazem, preste atenção no que se segue:

**Diálogo hesitante**
**Sintoma:** A confusão prevalece. A reunião acaba sem a definição clara dos próximos passos. As pessoas criam suas próprias interpretações – que mais lhes convêm – daquilo que aconteceu na reunião e ninguém pode ser responsabilizado mais tarde, quando as metas não são atingidas.

**Correção:** Assegure a conclusão da reunião, garantindo que todos sabem quem fará o que e quando. Se for necessário, faça-o por escrito e seja específico.

## "Entupimento" de informações

**Sintoma:** Incapacidade de expor todas as informações relevantes. Um fato ou opinião importante vem à baila depois que uma decisão foi tomada, algo que reabre o processo decisório. Esse padrão de comportamento acontece repetidamente.

**Correção:** Antes de mais nada, assegure-se de que as pessoas certas participam das reuniões onde se decidem coisas importantes. Quando uma informação é descoberta, dissemine-a imediatamente. Torne explícitas a franqueza e a sinceridade perguntando: "O que está faltando?" Use o coaching e as sanções para corrigir o ocultamento de informações.

## Perspectivas fragmentadas

**Sintoma:** As pessoas prendem-se a visões estreitas ou a seus interesses pessoais e não conseguem reconhecer que os outros têm interesses válidos.

**Correção:** Force as pessoas até assegurar-se de que todos os lados da questão foram discutidos e considerados. Reafirme repetidamente o objetivo comum para manter todos concentrados. Gere alternativas. Treine as pessoas para lhes mostrar como seu trabalho contribui com a missão global da empresa.

## Vale-tudo

**Sintoma:** Não conseguindo coordenar e dirigir o fluxo da conversa, o líder permite que comportamentos negativos prosperem. Os "extorsionários" mantêm o grupo todo seqüestrado até que outros vejam as coisas da sua maneira; os "desviadores" partem para conversas tangenciais, repetindo histórias, dizendo "Quando fiz isso há dez anos..."; ou se estendem em detalhes desnecessários; os "mentirosos silenciosos" não expressam suas verdadeiras opiniões, ou concordam com o que não intencionam fazer ou realizar; e os "divisores" criam dissensões dentro do grupo, buscando fora do mecanismo operacional social apoio para seus pontos de vista ou mantêm conversas paralelas durante a reunião.

**Correção:** O líder deve exercitar sua força interior, sinalizando repetidamente que tais comportamentos não são tolerados e punindo aqueles que persistem em comportamentos negativos. Se sanções menos severas fracassam, o líder deve estar disposto a retirar do grupo a pessoa que insistir em comportar-se negativamente.

---

### *A arma secreta da General Electric*

CONHECIDA POR suas práticas de administração estado-da-arte, a General Electric criou um sistema de dez mecanismos operacionais sociais firmemente interligados. Vitais ao sucesso da GE, esses mecanismos estabelecem metas e prioridades para toda a empresa, assim como para suas unidades individuais de negócio, realizando o seguimento do progresso de cada unidade com relação a essas metas. O CEO Jack Welch também utiliza o sistema para avaliar os gerentes seniores dentro de cada unidade, recompensando ou penalizando-os de acordo com seu desempenho.

Três dos mecanismos mais imitados são o Conselho Executivo Corporativo (CEC), que se reúne quatro vezes por ano; as revisões anuais de liderança e organização, conhecidas como Sessão C; e as revisões anuais estratégicas, conhecidas como S-1 e S-2. Grandes organizações têm mecanismos semelhantes. No entanto, na GE, são notáveis por sua intensidade e duração, interligações rígidas, conclusão e franqueza, candura, acabamento e determinação sem inibições.

No CEC, os líderes seniores da empresa reúnem-se por dois dias e meio para praticar intensa colaboração e troca de informações. Tendo em vista que esses líderes compartilham suas melhores práticas, avaliam o ambiente externo de negócios e identificam as oportunidades mais promissoras e os problemas mais urgentes da empresa, Welch tem a chance de treinar seus gerentes e observar seus estilos de trabalhar, pensar e colaborar. Entre as dez iniciativas que saíram ao longo dos últimos 14 anos dessas reuniões estão o propulsor de qualidade GE Seis Sigma e o esforço de comércio eletrônico da empresa toda. Essas sessões não são para os acanhados – às vezes, os debates assemelham-se a combates verbais, porém, quando o CEC termina, todos os presentes sabem quais são as prioridades corporativas e o que se espera deles.

Em reuniões da Sessão C, Welch e o vice-presidente sênior da GE para recursos humanos, Bill Conaty, encontram-se com os presidentes de cada unidade de negócio, assim como seu executivo sênior de RH, para discutirem questões de liderança e assuntos organizacionais. Nessas intensas sessões de 12 a 14 horas, os participantes revisam o repositório de talentos em potencial da unidade e suas prioridades organizacionais. Quem precisa ser promovido, recompensado, desenvolvido? Como? Quem não está atingindo o nível de desempenho desejável? A franqueza é obrigatória e a execução também. O diálogo vai e volta e se concatena com a estratégia da unidade de negócio. Welch acompanha cada sessão com uma nota escrita à mão, revisando a essência do diálogo e dos itens de ação. Por causa desse mecanismo, selecionar e avaliar as pessoas tornou-se uma competência enraizada na GE. Não espanta que a GE seja conhecida como a "Universidade dos CEOs".

O progresso na realização daquele plano de ação do executivo principal da unidade está entre os itens da agenda na reunião do S-1, realizada aproximadamente dois meses depois da Sessão C. Welch, seu CFO e seus subordinados diretos encontram-se individualmente com cada executivo de unidade e sua equipe para discutirem a estratégia para os próximos três anos. A estratégia, que deve incorporar os temas e as iniciativas da empresa toda e que emergiram das reuniões do CEC, é submetida por Welch e seu pessoal sênior a escrutínio e testes intensivos do quanto é realista. O diálogo nas sessões é informal, aberto, decisivo, repleto de orientações valiosas de Welch, tanto em questões de negócios quanto em recursos humanos. Como na Sessão C, o diálogo sobre a estratégia interliga-se com as questões pessoais e organizacionais. Uma vez mais vez, Welch acompanha-o com uma nota escrita à mão na qual expõe o que espera do executivo da unidade como resultado do diálogo.

As reuniões S-2, normalmente realizadas em novembro, seguem uma agenda semelhante à dos encontros S-1, exceto que são concentradas sobre um horizonte mais curto de tempo, normalmente 12 a 15 meses. Aqui são interligadas as prioridades operacionais e de alocação de recursos.

Em seu conjunto, todas essas reuniões interligam feedback, tomada de decisões, avaliação das capacitações da organização e das pessoas-chave. O mecanismo amarra explicitamente as metas e o desempenho de cada unidade à estratégia global da corporação e coloca em destaque o desenvolvimento da próxima geração de líderes. O processo é rígido em sua exigência de responsabilidade administrativa. Ao mesmo tempo, Welch aproveita a oportunidade para se empenhar na conclusão e no feedback, algo realizado com sinceridade, objetivamente, e focalizado em determinação e execução. Esse sistema operacional poderá ser a vantagem competitiva mais duradoura da GE.

Originalmente publicado em 2001
Reimpressão R0601J

# As armadilhas ocultas na tomada de decisões

JOHN S. HAMMOND, RALPH L. KEENEY
E HOWARD RAIFFA

**Resumo executivo**

FREQÜENTEMENTE, AS MÁS DECISÕES podem ser relacionadas à maneira como as decisões foram tomadas – as alternativas não foram definidas claramente, as informações corretas não foram coletadas, os custos e benefícios não foram avaliados com precisão. Às vezes, porém, as falhas na tomada de decisões não se encontram no processo e, sim, na mente do tomador. A maneira como funciona o cérebro humano pode sabotar as escolhas que fazemos.

Neste capítulo, publicado pela primeira vez em 1998, John Hammond, Ralph Keeney e Howard Raiffa examinam oito armadilhas psicológicas que afetam a maneira como tomamos decisões de negócios. A armadilha da *vinculação* leva-nos a conferir peso desproporcional às primeiras informações que recebemos. A *armadilha do status quo* nos induz a manter a situação atual – mesmo quando existem alternativas melhores. A *armadilha dos custos a fundo perdido* tende a perpetuar o erros do passado. A *armadilha da evidência confirmatória* leva-nos a ir atrás das informações que sustentam uma preferência existente e a minimizar informações que se opõem a ela. A *armadilha do enquadramento* ocorre quando erramos em identificar o problema, subvertendo todo o processo de tomada de decisões. A *armadilha da confiança excessiva* faz sobreestimar a exatidão de nossas previsões. A *armadilha da prudência* nos faz ser excessivamente cautelosos nas estimativas sobre acontecimentos incertos. E a *armadilha de revocação* nos incita a dar peso indevido a acontecimentos impressionantes recentes.

A melhor maneira de evitar todas as armadilhas é a conscientização, porém, os executivos podem também tomar outras medidas simples para se proteger e às suas organizações desses lapsos mentais. Os autores descrevem o que os gestores podem fazer para garantir que suas decisões importantes sejam sensatas e confiáveis.

---

*Antes de decidir um curso de ação, os gestores prudentes avaliam a situação com a qual estão sendo confrontados. Infelizmente, alguns são cautelosos em demasia – dando passos caros para se defender contra resultados improváveis. Outros são confiantes em excesso – subestimando a gama de resultados potenciais. Outros são altamente impressionáveis – permitindo que acontecimentos memoráveis no passado ditem a percepção do que talvez possa acontecer no presente.*

*Essas são somente três das armadilhas psicológicas bem documentadas que afligem a maioria de gestores em algum momento, afirmam os autores John S. Hammond, Ralph L. Keeney e Howard Raiffa em seu artigo de 1998. Ainda há outras armadilhas que deturpam nossa capacidade de raciocínio ou sustentam os nossos próprios preconceitos. Exemplos desses últimos incluem as tendências de se prender ao* status quo, *procurar evidências que confirmam uma preferência e botar dinheiro bom em cima de ruim porque é desagradável admitir ter cometido um erro.*

*Existem técnicas para superar cada um desses problemas. Por exemplo, uma vez que a maneira como um problema é formulado pode influenciar a forma como você pensa sobre ele, tente enquadrá-lo de várias outras maneiras e pergunte-se como seu modo de pensar talvez mudaria para cada uma delas. Ainda que não possamos erradicar as distorções inerentes da maneira como nossas mentes funcionam, podemos construir em nossos processos de tomada de decisões testes como esse para melhorar a qualidade das escolhas que fazemos.*

TOMAR DECISÕES é o trabalho mais importante de qualquer executivo. É também o mais difícil e o mais arriscado. Más decisões podem prejudicar um negócio e uma carreira, às vezes irreparavelmente. Então de onde provêm as más decisões? Em muitos casos, podem estar correlacionadas com a maneira como foram tomadas – as alternativas não foram definidas claramente, as informações corretas não foram coletadas, os custos e benefícios não foram avaliados com precisão. Às vezes, porém, as falhas na tomada de decisão não se encontram no processo e, sim, na mente do tomador. A maneira como funciona o cérebro humano pode sabotar as escolhas que fazemos.

Ao longo de meio século, os pesquisadores têm estudado a maneira como as nossas mentes funcionam ao tomarem decisões. Essa pesquisa, em laboratório e em campo, revelou que usamos rotinas inconscientes para lidar com a complexidade inerente da maioria das decisões. Essas rotinas, conhecidas como *heurísticas*, nos são muito úteis na maioria das situações. Por exemplo, quando avaliamos uma distância, nossas mentes freqüentemente contam com a heurística, a qual compara a clareza da imagem com sua proximidade. Quanto mais discernível for um objeto, mais próximo julgamos estar. Quanto mais desfocado for, mais longe supomos que esteja. Esse simples atalho mental ajuda-nos a fazer avaliações contínuas de distância, necessárias para podermos "navegar" o mundo.

Porém, como a maioria das heurísticas, tal procedimento não é infalível. Em dias mais nebulosos do que o normal, nossos olhos tenderão a enganar nossas mentes, fazendo-nos pensar que as coisas estão mais distantes do que realmente estão. Já que tal distorção representa poucos perigos para a maioria de nós, podemos ignorá-la com segurança. Contudo, para pilotos de avião, tal distorção pode ser catastrófica. Esse é o motivo pelo qual os pilotos são treinados a usar medidas objetivas de distância além da visão.

Os pesquisadores identificaram toda uma série de tais deficiências na maneira de pensarmos ao tomarmos decisões. Algumas, como a heurística no discernimento de objetos, são percepções sensoriais errôneas. Outras assumem a forma de preconceitos. Outras aparecem simplesmente como anomalias irracionais em nossa forma de pensar. O que torna todas essas armadilhas tão perigosas é sua invisibilidade. Por serem infundidas em nosso processo de pensar, não conseguimos reconhecê-las – mesmo quando somos apanhados diretamente por elas.

Para os executivos, cujo sucesso reside nas muitas decisões cotidianas que tomam ou aprovam, as armadilhas psicológicas são especialmente perigosas, já que podem subverter tudo, desde o desenvolvimento de um novo produto até uma estratégia de aquisição ou a alienação de bens ou o planejamento de sucessão. Ninguém pode livrar sua mente dessas deficiências arraigadas, mas qualquer um pode seguir o exemplo dos pilotos, aprendendo a entender as armadilhas e como compensá-las.

Neste capítulo, examinaremos uma série de armadilhas psicológicas bem documentadas que são particularmente propensas a subverter as decisões de negócios. Além de revisarmos as causas e as manifestações dessas armadilhas, apresentamos algumas maneiras específicas de como os gestores podem resguardar-se delas. No entanto, é importante lembrar que a melhor defesa é sempre a conscientização. Os executivos que tentam familiarizar-se com essas armadilhas e as diversas formas que assumem serão mais capazes de assegurar que as decisões que tomam são razoáveis e que as recomendações propostas por seus subordinados ou parceiros são confiáveis.

## A armadilha da vinculação

Como você responderia a estas duas perguntas?

*A população da Turquia é maior do que 35 milhões de pessoas?*

*Qual é a sua melhor estimativa da população da Turquia?*

Se você for como a maioria das pessoas, o número 35 milhões mencionado na primeira pergunta (um número que escolhemos arbitrariamente) influenciou sua resposta à segunda pergunta. Ao longo dos anos, fizemos essas perguntas a muitos grupos de pessoas. Na metade dos casos, usamos 35 milhões na primeira pergunta; na outra metade, usamos 100 milhões. Sem exceções, as respostas à segunda pergunta aumentam em muitos milhões quando utilizamos o número maior na primeira. Esse simples teste ilustra o fenômeno mental comum e freqüentemente pernicioso conhecido como *vinculação*. Quando pondera uma decisão, a mente confere peso desproporcional às primeiras informações que recebe. Impressões, estimativas ou dados iniciais vinculam pensamentos e avaliações subseqüentes.

As vinculações assumem muitos disfarces. Podem ser tão simples e aparentemente inócuas quanto um comentário feito por um colega ou um estatístico que aparece no jornal da manhã. Podem ser tão insidiosas como um estereótipo sobre a cor da pele da pessoa, sotaque ou um vestido. Em negócios, um dos tipos mais comuns de vinculação é um acontecimento ou tendência passada. Um profissional de marketing, ao tentar projetar as vendas de um produto para o próximo ano, freqüentemente começa seu trabalho examinando os volumes de vendas durante os anos anteriores. Os números do passado tornam-se vinculações, que ele, então, ajusta com base em outros fatores. Essa abordagem, que eventualmente pode levar a uma estimativa razoavelmente precisa, tende a dar peso demasiado a acontecimentos passados e peso insuficiente a outros fatores. Em situações caracterizadas por mudanças rápidas no mercado, as vinculações históricas podem conduzir a previsões imprecisas e, portanto, a escolhas malfeitas.

Tendo em vista que as vinculações podem estabelecer os termos sobre os quais uma decisão será tomada, muitas vezes os negociadores espertos as usam como tática. Veja a experiência de uma grande empresa de consultoria que procurava um novo escritório em San Francisco. Junto com um corretor, os sócios da empresa identificaram um edifício que satisfazia todos os critérios, e programaram uma reunião com os proprietários do prédio. Os proprietários começaram a reunião expondo os termos do contrato proposto: um arrendamento por dez anos; um preço mensal inicial de $50 por metro quadrado; aumentos anuais do preço com base na taxa de inflação predominante; todas as melhorias do interior sob a responsabilidade do inquilino; uma opção para o inquilino estender o arrendamento por mais dez anos nos mesmos termos. Embora o preço estivesse no extremo mais alto dos índices atuais de mercado, os consultores fizeram uma contra-oferta relativamente modesta. Propuseram um preço inicial na média dos índices de mercado e pediram que os proprietários compartilhassem as despesas de renovação, mas aceitaram todos os outros termos. Os consultores podiam ter sido muito mais agressivos e criativos na contraproposta, reduzindo o preço inicial ao valor mais baixo dos índices de mercado, ajustando os índices de inflação a cada dois anos, estabelecendo um teto nos aumentos, definindo termos diferentes para estender o arrendamento etc. – mas seu modo de pensar estava vinculado à proposta inicial dos proprietários. Os consultores tinham caído na armadilha da vinculação e, em conseqüência, acabaram pagando muito mais pelo espaço do que teriam que pagar se negociassem melhor.

**O que você pode fazer a respeito?** O efeito da vinculação na tomada de decisões foi documentado em diversos experimentos. As vinculações não influenciam apenas as decisões dos gestores, mas também de contadores e engenheiros, banqueiros e advogados, consultores e analistas da bolsa. Ninguém pode evitar sua influência; são simplesmente demasiadamente comuns. Mas os gestores, cientes dos perigos da vinculação, podem reduzir seu impacto usando as seguintes técnicas:

- Sempre enxergue um problema sob várias perspectivas. Em vez de se fixar na primeira linha de pensamento que lhe ocorrer, tente usar pontos de partida e abordagens alternativas.

- Antes de consultar os outros, pense sobre o problema por conta própria, evitando tornar-se prisioneiro de suas idéias.

- Seja receptivo a novas idéias. Para ampliar seu quadro de referência e para dirigir sua mente a novas idéias, obtenha informações e opiniões de várias pessoas.

- Tenha cuidado em não vincular seus consultores e outros a quem você pede informações e aconselhamento. Conte-lhes o menos possível sobre suas próprias idéias, estimativas e decisões experimentais. Se você lhes revelar demais, seus próprios preconceitos simplesmente podem retornar a você.

- Seja particularmente cuidadoso com vinculações em negociações. Defina a sua posição antes de qualquer negociação começar, para evitar ser vinculado pela proposta inicial da outra parte. Ao mesmo tempo, procure oportunidades para usar vinculações que lhe criem vantagens – por exemplo, se você for o vendedor, sugira um preço inicial alto, porém defensável.

## A armadilha do *status quo*

Todos gostamos de acreditar que tomamos decisões racional e objetivamente, mas o fato é que todos temos preconceitos e estes influenciam as escolhas. Por exemplo, os tomadores de decisão têm forte preferência pelas alternativas que perpetuam a situação existente. Podemos ver essa tendência acontecendo sempre que um produto radicalmente novo é introduzido. Os primeiros automóveis, de forma elucidativa chamados "carruagens sem cavalos", pareciam-se muito como a carruagem que viriam a substituir. Os primeiros "jornais eletrônicos" que surgiram na Web pareciam-se muito com seus precursores impressos.

Em nível mais familiar, você pode ter sucumbido a esse preconceito em suas decisões financeiras pessoais. Por exemplo, as pessoas às vezes herdam ações ou títulos que nunca teriam comprado. Embora seria uma iniciativa óbvia e barata vender essas ações e colocar o dinheiro em um investimento diferente, um número surpreendente de pessoas não as vende. Acha confortável a situação existente e evita tomar medidas que a perturbem. "Talvez repense isso mais tarde", dizem. Mas normalmente o "mais tarde" torna-se "nunca".

A fonte da armadilha do *status quo* jaz fundo dentro de nossas psiques, em nosso desejo de proteger os nossos egos de danos. Quebrar o *status quo* significa tomar medidas e, quando tomamos medidas, assumimos responsabilidades, abrindo-nos, assim, a críticas e arrependimentos. Não surpreende, portanto, que evidentemente procuramos razões para fazer nada. Na maioria de casos, aderir ao estado vigente representa o curso de ação mais seguro porque nos expõe ao menor risco psicológico.

Muitas experiências demonstraram a atração magnética do *status quo*. Em uma delas, deu-se a um grupo das pessoas, casualmente escolhidas, um de dois presentes de aproximadamente o mesmo valor – metade delas recebeu uma caneca, a outra metade uma barra de chocolate suíço. Foi lhes dito então que poderiam facilmente trocar o presente que receberam pelo outro. Embora fosse esperado que ao menos a metade quisesse fazer a troca, apenas uns 10% a fizeram. O fenômeno da situação existente externou seu poder, a despeito da oferta pela nova situação ter sido criada apenas alguns minutos antes.

Outras experiências demonstraram que quanto mais escolhas são oferecidas, maior a influência do *status quo*. Por exemplo, as pessoas escolherão mais o estado atual quando há duas alternativas em vez de uma: A e B em vez de apenas A. Por quê? Porque escolher entre A e B exige esforço psíquico adicional; escolher o estado existente evita esse esforço.

No mundo dos negócios, onde os "pecados" de se agir tendem a ser punidos com maior severidade do que os "pecados" da omissão, manter o estado existente apresenta uma atração particularmente forte. Por exemplo, muitas fusões falham porque a empresa que adquire a outra evita tomar uma ação rápida para impor à empresa adquirida uma estrutura administrativa nova e mais apropriada. O raciocínio típico é "não chacoalhe o barco. Vamos esperar até que a situação se estabilize". Mas, com o passar do tempo, a estrutura existente entrincheira-se mais, e mudá-la torna-se mais difícil, não mais fácil. Não tendo conseguido captar a oportunidade quando a mudança era aguardada, a administração acha-se agora presa ao *status quo*.

**O que você pode fazer a respeito?** Antes de tudo, lembre-se de que em qualquer decisão, manter o estado existente pode realmente ser a melhor escolha, mas você não quer escolhê-la apenas porque é conveniente. Tendo se conscientizado da armadilha do *status quo*, você pode usar essas técnicas para diminuir sua atratividade:

- Lembre-se sempre de seus objetivos e examine como seriam favorecidos (ou não) pela situação existente. Você poderá descobrir que há elementos na situação atual que agem como barreiras às suas metas.

- Nunca imagine a situação atual como única alternativa. Identifique outras opções e use-as como contrabalanços, avaliando cuidadosamente todos os prós e contras.

- Pergunte-se se você escolheria a situação atual como alternativa se, de fato, ela não fosse o estado existente.

- Evite exagerar o esforço ou o custo envolvido em migrar do estado atual para um novo.

- Lembre-se de que a conveniência do estado existente mudará ao longo do tempo. Quando comparar alternativas, sempre as avalie em termos de futuro assim como do presente.

- Se você dispõe de várias alternativas que são melhores do que a situação atual, não opte pelo estado existente apenas porque você tem dificuldades em selecionar a melhor alternativa. Force-se a fazer uma escolha.

## A armadilha dos custos a fundo perdido

Outro de nossos vieses arraigados é fazermos escolhas de maneira a justificar escolhas anteriores, mesmo quando as escolhas passadas não mais parecem adequadas. A maioria de nós cai nessa armadilha. Por exemplo, podemos ter evitado vender uma ação ou um fundo mútuo com algum prejuízo, deixando de realizar outros investimentos mais proveitosos. Ou podemos ter realizado um enorme esforço para melhorar o desempenho de um funcionário que desde o início sabíamos não deveria ter sido contratado. Nossas decisões passadas tornam-se aquilo que os economistas denominam *investimentos a fundo perdido* – velhos investimentos de tempo ou dinheiro que nunca serão recuperados. Racionalmente sabemos que os custos a fundo perdido são irrelevantes para uma decisão no presente, mas, não obstante, capturam as nossas mentes, direcionando-nos a tomar decisões inadequadas.

Por que as pessoas não podem se livrar das decisões passadas? Freqüentemente, o motivo é porque estão relutantes, conscientemente ou não, em reconhecer um erro. Reconhecer, na vida pessoal, uma decisão errada talvez seja uma questão puramente privada, que envolve apenas a auto-estima de quem a tomou; porém, em negócios, uma má decisão é uma questão bem pública, que pode desencadear críticas de colegas ou chefes. Se você despede um funcionário de baixo desempenho que você empregou, você está admitindo em público seu mau discernimento. Psicologicamente, parece mais seguro mantê-lo, apesar de essa decisão só agravar a situação.

O viés do custo a fundo perdido aparece com regularidade preocupante no meio bancário, onde pode ter conseqüências muito sérias. Quando o negócio de um tomador de empréstimos começa a dar problemas, muitas vezes seu emprestador lhe oferecerá fundos adicionais na expectativa de lhe injetar algum alívio para que possa se recuperar. Se o negócio tem boa possibilidade de se recuperar, tal investimento foi bem aplicado, do contrário, jogou-se apenas dinheiro bom em cima de ruim.

Um de nós ajudou um banco americano importante a se recuperar depois de ter realizado muitas operações ruins de empréstimos a empresas estrangeiras. Descobrimos que os banqueiros responsáveis por tais operações eram muito mais propensos a adiantar fundos adicionais — várias vezes — aos maus devedores do que outros banqueiros que assumiram as contas depois do primeiro empréstimo. Repetidamente, e em muitos casos, tal estratégia — e os empréstimos — dos banqueiros originais acabava em fracasso com bastante freqüência. Tendo sido pegos na armadilha do escalonamento dos compromissos assumidos, tinham tentado, consciente ou inconscientemente, resguardar as decisões errôneas. Tinham caído vítimas do viés do custo a fundo perdido. O banco finalmente resolveu o problema ao instituir uma política, exigindo que um empréstimo fosse realocado a um outro banqueiro assim que surgissem problemas com o devedor. O novo banqueiro podia examinar a situação com imparcialidade, verificando, sem predisposições, o mérito de se conceder empréstimos adicionais.

Às vezes, uma cultura corporativa reforça a armadilha do custo a fundo perdido. Se as penalidades para as decisões que resultarem em algo desfavorável forem demasiadamente severas, os gestores serão induzidos a deixar que projetos que falharam se arrastem interminavelmente – na vã esperança de que de alguma forma eles os transformem em sucessos. Os executivos devem reconhecer que em um mundo incerto, onde acontecimentos imprevisíveis são comuns, às vezes boas decisões podem levar a maus resultados. Por reconhecer que algumas boas idéias acabarão em fracasso, os executivos encorajarão seus subordinados a cortar os prejuízos em vez de escaloná-los.

**O que você pode fazer a respeito?** Para todas as decisões que já têm uma história, você terá que se esforçar conscientemente para pôr de lado quaisquer custos a fundo perdido – sejam de natureza psicológica ou econômica – que obcecarão sua maneira de pensar sobre a escolha a ser feita no momento. Tente estas técnicas:

- Procure e escute cuidadosamente os pareceres das pessoas que não estiveram envolvidas nas decisões anteriores e as quais possivelmente não estão envolvidas com elas.

- Examine o porquê da angústia de confessar um erro anterior. Se o problema reside em sua auto-estima ferida, enfrente-o. Lembre-se de que mesmo as escolhas perspicazes podem ter más conseqüências, apesar de não ser falha da pessoa que a fez originalmente, e que mesmo os melhores e mais experientes gestores não estão imunes a erros de discernimento. Lembre-se das sábias palavras de Warren Buffett: "Quando você estiver em um buraco, a melhor coisa a fazer é parar de cavar."

- Esteja alerta para a influência do viés do custo a fundo perdido nas decisões e recomendações feitas por seus subordinados. Quando necessário, mude o responsável.

- Não cultive uma cultura de medo do fracasso que leva os empregados a perpetuarem seus erros. Quando recompensar as pessoas, veja a qualidade de suas decisões (levando em conta o que se sabia na época quando suas decisões foram feitas), e não apenas a qualidade dos resultados.

## A armadilha da evidência confirmatória

Imagine que você é o presidente de uma empresa americana de porte médio e bem-sucedida cogitando cancelar uma expansão planejada da fábrica. Por algum tempo você preocupava-se pois sua empresa não poderia sustentar o rápido crescimento das exportações. Agora você teme que o valor do dólar irá se fortalecer nos próximos meses, tornando a mercadoria mais cara aos consumidores no exterior, diminuindo, assim, a demanda. Mas antes de você parar a expansão da fábrica e verificar a lógica de seu raciocínio, você decide conversar com uma conhecida, a CEO de uma empresa semelhante à sua, que recentemente deferiu a construção de uma nova fábrica. Ela lhe apresenta o forte argumento de que as outras moedas estão para enfraquecer significativamente perante o dólar. O que você faz?

Seria melhor se você não deixasse essa conversa ser o fator decisivo, porque você provavelmente acabou de ser vítima do viés da evidência confirmatória. Essa tendência leva-nos a procurar informações que sustentem nossa intuição ou ponto de vista existente e evita que busquemos informações que as contradigam, afinal de contas, o que você esperava que sua conhecida lhe dissesse, a não ser um forte argumento a favor de sua própria decisão? O viés da evidência confirmatória não afeta apenas onde vamos coletar evidências mas também como interpretamos a evidência que nos é oferecida, fazendo com que depositemos peso excessivo nas informações que a sustentam e dando muito pouca importância às informações contraditórias.

Em um estudo psicológico desse fenômeno, dois grupos – um opondo-se e o outro apoiando a pena de morte – leram dois relatórios de pesquisas cuidadosamente realizadas, que comentavam a eficácia da pena de morte na prevenção de crimes. Um relatório concluía que a pena de morte diminuía a criminalidade; o outro dizia o oposto. Depois de ler os dois relatórios, e apesar de serem expostos a informações científicas sólidas, sustentadas por contra-argumentos, os membros dos dois grupos convenceram-se ainda mais da validade de suas próprias convicções. Eles aceitaram as informações que as apoiavam e descartaram as contrárias.

Há duas forças psicológicas fundamentais atuando aqui. A primeira reside em nossa tendência a decidir subconscientemente aquilo que queremos fazer antes de compreendermos por que queremos fazê-lo. A segunda é nossa inclinação em nos empenharmos mais nas coisas das quais gostamos do que nas que desgostamos – uma tendência bem documentada até mesmo em bebês. Evidentemente, então, somos atraídos por informações que sustentam nossas propensões subconscientes.

**O que você pode fazer a respeito?** Não é que você não deva escolher aquilo para qual seu subconsciente o atrai. Apenas deve verificar se tal escolha é a melhor. Você precisa colocar-se à prova. Aqui está como fazer isso:

- Sempre cheque para ver se você examina toda a evidência com rigor idêntico. Evite a tendência de aceitar a evidência confirmatória sem questioná-la.

- Consiga que alguém que você respeita faça o papel do advogado do diabo, argumentando contra a decisão que você está avaliando. Melhor ainda, construa seus próprios contra-argumentos. Qual o motivo mais forte para fazer o oposto? Qual é a segunda razão mais forte? A terceira? Mantenha a mente aberta nessas avaliações.

- Seja honesto consigo mesmo sobre seus motivos. Você realmente está buscando informações para ajudá-lo a fazer uma escolha inteligente ou apenas procura evidências que confirmem aquilo que você gostaria de fazer?

- Ao procurar o conselho dos outros, não faça perguntas que direcionem as respostas no intuito de confirmar seu ponto de vista. E se achar que um consultor sempre parece apoiar seu ponto de vista, procure outro consultor. Não se cerque de pessoas bajuladoras que sempre lhe dão razão.

## A armadilha do enquadramento

O primeiro passo na tomada de uma decisão consiste em enquadrar a pergunta. Também é um dos passos mais perigosos. A maneira como você circunscreve um problema pode influenciar profundamente as escolhas que você faz. Por exemplo, em um caso que envolvia o seguro obrigatório de carros, o enquadramento representou uma diferença de uns $200 milhões. Visando reduzir o custo dos seguros, os estados vizinhos de New Jersey e Pensilvânia fizeram mudanças similares em suas leis. Cada estado ofereceu uma nova opção para os motoristas: podiam baixar suas tarifas de seguros se aceitassem uma cláusula que limitava o direito de processar a seguradora em casos de acidentes (seria uma espécie de franquia). Mas os dois estados posicionaram tal escolha de maneiras muito diferentes: em New Jersey, você automaticamente teria o direito limitado de processar a menos que especificasse o contrário; na Pensilvânia, você teria o pleno direito de processar a menos que especificasse o contrário. Os diferentes enquadramentos estabeleceram status diferentes, portanto, não surpreende que a maioria dos consumidores escolheu a situação padrão. Em conseqüência, em New Jersey, aproximadamente 80% dos motoristas escolheram o direito limitado de processar, mas, na Pensilvânia, apenas 25% deles fizeram tal escolha. Pela maneira como a posicionou, o estado da Pensilvânia não conseguiu ganhar aproximadamente $200 milhões em economias de seguros e processos.

A armadilha do enquadramento pode assumir muitas facetas e, como o exemplo anterior demonstra, é freqüentemente relacionada de perto com outras armadilhas psicológicas. Um enquadramento pode estabelecer o *status quo* ou introduzir uma vinculação. Ele pode destacar custos a fundo perdido ou levá-lo a evidências confirmatórias. Os pesquisadores da teoria da decisão documentaram dois tipos de enquadramentos que distorcem a tomada de decisões com freqüência particularmente alta.

## ENQUADRAMENTOS PERCEBIDOS COMO GANHOS *VERSUS* PERDAS

Um estudo, com base em uma experiência clássica realizada pelos pesquisadores da decisão, Daniel Kahneman e Amos Tversky, um de nós apresentou o seguinte problema a um grupo de profissionais do ramo de seguros:

> *Você é um avaliador de perdas marinhas encarregado de reduzir a perda de carga em três barcas asseguradas que afundaram ontem no litoral do Alasca. Cada barca contém uma carga no valor de $200 mil, que será perdida se não for salva dentro de 72 horas. O proprietário de uma empresa local de salvamento marinho oferece-lhe duas opções, ambas custando-lhe o mesmo:*

**Plano A**: Este plano salvará a carga de uma das três barcas, no valor de $200 mil.

**Plano B:** Este plano tem um terço de probabilidade de salvar a carga das três barcas, no valor de $600 mil, mas tem uma probabilidade de dois terços de nada recuperar.
Qual você escolheria?

Se você for como 71% dos respondentes desse estudo, terá escolhido o Plano A "menos arriscado", que salvará uma barca com certeza. No entanto, outro grupo desse estudo foi solicitado a escolher entre as alternativas C e D:

**Plano C:** Este plano resultará na perda de duas das três cargas, no valor de $400 mil.

**Plano D:** Este plano tem uma probabilidade de dois terços de perder todas as três cargas, no valor de $600 mil, mas tem uma probabilidade de um terço de não perder nenhuma das cargas.

Diante dessa escolha, 80% dos respondentes preferiram o Plano D.

Evidentemente, os pares de alternativas são exatamente equivalentes – o Plano A é o mesmo que o Plano C e o Plano B é idêntico ao Plano D – apenas foram "enquadrados" de maneiras diferentes. As respostas surpreendentemente diferentes revelam que as pessoas são avessas ao risco quando um problema é apresentado em termos de ganhos (salvar as barcas), porém aceitam riscos quando o problema é apresentado em termos de evitar perdas (perder as barcas). Além do mais, elas tendem a adotar o enquadramento (o posicionamento do problema) como é apresentado em vez de reformular o problema à própria maneira.

## ENQUADRAMENTO COM PONTOS DE REFERÊNCIA DIFERENTES

O mesmo problema também pode induzir respostas muito diferentes quando os enquadramentos usam pontos de referência diferentes. Digamos que você tem $2 mil na sua conta bancária e lhe fazem a seguinte pergunta:

> *Você aceitaria um risco de 50%-50% de perder $300 ou ganhar $500?*

Você aceitaria esse risco? O que faria se lhe fizessem esta pergunta:

> *Você preferiria manter o saldo de sua conta bancária em $2 mil ou aceitaria uma chance de 50%-50% de ter $1.700 ou $2.500 na conta?*

Mais uma vez, as duas perguntas apresentam o mesmo problema. Racionalmente, suas respostas a ambas deveriam ser as mesmas, porém, os estudos demonstraram que muitas pessoas recusariam a probabilidade 50%-50% da primeira pergunta, mas aceitariam a da segunda. Suas reações diferentes resultam dos pontos de referência diferentes apresentados nos dois enquadramentos. O primeiro, com seu ponto de referência sendo zero, realça ganhos e perdas incrementais, e a possibilidade de uma perda desencadeia uma resposta conservadora nas mentes de muitas pessoas. O segundo enquadramento, com seu ponto de referência em $2 mil, põe as coisas em perspectiva por realçar o impacto financeiro real da decisão.

**O que você pode fazer a respeito?** Um problema mal enquadrado pode subverter até mesmo a decisão mais bem elaborada. Mas qualquer efeito adverso do enquadramento pode ser limitado ao tomar-se as seguintes precauções:

- Não aceite automaticamente o enquadramento inicial, tenha ele sido formulado por você ou por outra pessoa. Sempre tente reenquadrar o problema de várias maneiras. Procure distorções causadas pelos enquadramentos.

- Tente formular problemas de forma neutra e redundante, que combine ganhos e perdas ou adote pontos de referência diferentes. Por exemplo: Você aceitaria uma chance de 50%-50% de perder $300, sendo que seu saldo no banco ficaria em $1.700, ou de ganhar $500, resultando em um saldo bancário de $2.500?

- Ao longo de todo seu processo de tomada de decisão, pense muito sobre o enquadramento do problema. Em certos momentos desse processo, particularmente próximo ao término, pergunte-se como sua maneira de pensar talvez mudasse se o enquadramento fosse modificado.

- Quando outros recomendam as decisões, examine a maneira como enquadraram o problema. Desafie-os com posicionamentos diferentes.

## As armadilhas da estimativa e da previsão

A maioria de nós é adepta a fazer estimativas sobre o tempo, distâncias, pesos e volume. Isso ocorre porque fazemos constantemente avaliações sobre essas variáveis, recebendo feedback rápido sobre a exatidão dessas estimativas. Pela prática diária, nossas mentes tornam-se bem calibradas.

No entanto, fazer estimativas ou previsões sobre acontecimentos incertos é uma outra história. Embora os gestores façam continuamente tais estimativas e previsões, raramente recebem feedback claro sobre sua exatidão. Se você estimar, por exemplo, que o preço de um barril de petróleo será de $15 no próximo ano, com a probabilidade aproximada de 40%, e o preço de fato caia a esse nível, você não pode afirmar que estava certo ou errado sobre a probabilidade que estimou um ano antes. A única maneira de avaliar sua exatidão consistiria em acompanhar muitas, muitas dessas previsões similares e, depois de o fato ter acontecido, verificar se o que você estimou como tendo probabilidade de 40% realmente atingiu tal patamar em 40% das vezes. Isso exigiria uma grande quantidade de dados, cuidadosamente acompanhados no decorrer de um longo período de tempo. Os meteorólogos e editores de livros têm as oportunidades e os incentivos para manter tais registros, mas o restante de nós não tem. Em conseqüência, nossas mentes jamais se tornam calibradas para realizar estimativas diante da incerteza.

Todas as armadilhas que discutimos até agora podem influenciar a maneira como tomamos decisões quando confrontados com a incerteza. Mas há uma outra série de armadilhas que podem causar efeito particularmente deturpante em situações incertas porque anuviam nossa capacidade de avaliar probabilidades. Permita-nos examinar três dessas armadilhas de incerteza mais comuns:

### A ARMADILHA DA CONFIANÇA EXCESSIVA

Apesar de a maioria de nós não ser muito boa em fazer estimativas nem previsões, de fato tendemos a confiar excessivamente em nosso julgamento. Isso pode levar a erros de avaliação e, portanto, resultar em más decisões. Em uma série de testes, as pessoas foram solicitadas a prever o valor de fechamento da próxima semana para o Dow Jones Industrial Average. Para levar em consideração a incerteza, foi lhes pedido que estimassem uma faixa dentro da qual o valor de fechamento provavelmente se situaria. Para escolher o valor superior da faixa foi solicitado que selecionassem um número máximo que teria chance menor do que 1% de ocorrer. O mesmo procedimento foi lhes sugerido para a escolha do valor menor. Se fossem bons em estimar com exatidão, você presumiria que os participantes errassem apenas em aproximadamente 2% das vezes. Mas centenas de testes demonstraram que as médias reais do Dow Jones estavam 20% a 30% fora dessas previsões. Excessivamente confiantes sobre a exatidão de suas previsões, a maioria de pessoas definiu faixas demasiadamente estreitas de probabilidades.

Pense sobre as implicações para as decisões em negócios, nas quais iniciativas e investimentos importantes freqüentemente dependem da faixa de estimativas. Se os gestores subestimam o valor mais alto ou sobrestimam o valor mais baixo de uma variável crucial, podem perder oportunidades atraentes ou expor-se a riscos muito maiores do que imaginam. Muito dinheiro foi desperdiçado em projetos malfadados de desenvolvimento de produtos porque os gestores não contaram com a possibilidade de fracassarem no mercado.

## A ARMADILHA DA PRUDÊNCIA

Outra armadilha dos que fazem previsões assume a forma de cautela ou prudência excessiva. Quando confrontados com decisões de alto risco, tendemos a ajustar e restringir nossas estimativas ou previsões "apenas para estarmos do lado seguro". Por exemplo, há muitos anos, um dos três grandes fabricantes de carros dos Estados Unidos decidia quantos carros de um modelo novo deveria produzir em antecipação de suas vendas na época de maior demanda. O departamento de planejamento do mercado, responsável pela decisão, pediu a outros departamentos que fornecessem previsões de variáveis-chave como vendas antecipadas, estoques nos revendedores, atuação de concorrentes e custos. Sabendo o objetivo das estimativas, cada departamento forçou sua previsão para favorecer a construção de mais carros – "somente para estar do lado seguro". No entanto, os planejadores de mercado tomaram tais números por seu valor de face e, então, fizeram suas adaptações "só para estarem do lado seguro". Não foi, portanto, surpresa que o número de carros produzidos excedeu em muito a demanda, e a empresa levou seis meses para liquidar a sobra, tendo, no fim, que recorrer a preços promocionais.

Os que criam políticas foram tão longe a ponto de codificar o excesso de cautela nos procedimentos formais de decisão. Um exemplo extremo é a metodologia da "análise do pior caso", que fora popular no projeto de sistemas de armas e ainda é utilizado em certos cenários de engenharia e de regulamentações. Usando essa abordagem, os engenheiros projetaram armas para operar sob as piores combinações possíveis de circunstâncias, apesar de a probabilidade de ocorrerem ser infinitesimal. A análise do pior caso adicionou enormes custos com nenhum benefício prático (aliás, freqüentemente tal prática saiu pela culatra por desencadear uma corrida armamentista), provando que, às vezes, prudência demais pode ser tão perigosa quanto pouca cautela.

## A ARMADILHA DA RECORDAÇÃO

Mesmo que não excessivamente confiantes nem por demais cautelosos, ainda assim podemos cair em uma armadilha quando fazemos estimativas ou previsões. Tendo em vista que freqüentemente baseamos nossas predições dos acontecimentos futuros sobre nossa lembrança de acontecimentos passados, podemos ser demasiadamente influenciados por acontecimentos dramáticos que marcaram nossa memória. Todos nós, por exemplo, exageramos a probabilidade da ocorrência rara, porém catastrófica, dos desastres aéreos porque recebem atenção exagerada dos meios de comunicação. Um acontecimento dramático ou traumático em sua vida também pode deturpar sua maneira de pensar. Você atribuirá probabilidade mais alta para acidentes de trânsito se passou por um a caminho do trabalho e considerará possibilidade mais alta de algum dia morrer de câncer se um amigo próximo morreu dessa doença.

Aliás, qualquer coisa que distorça sua capacidade de lembrar de forma equilibrada acontecimentos passados deturpará suas avaliações de probabilidade. Em uma experiência, listas de homens e mulheres conhecidas foram lidas a grupos diferentes de pessoas. Sem que os voluntários soubessem, cada lista tinha um número igual de homens e mulheres, mas em algumas listas os homens eram mais famosos do que as mulheres, enquanto em outras as mulheres eram mais famosas. Depois, os participantes foram solicitados a estimar as porcentagens de homens e mulheres em cada lista. Aqueles que tinham ouvido a lista com os homens mais famosos pensaram que havia mais homens na lista, enquanto aqueles que tinham ouvido a lista com as mulheres mais famosas pensaram que havia mais mulheres.

Advogados são pegos freqüentemente na armadilha da recordação quando defendem processos de responsabilidade civil. Suas decisões sobre se farão um acordo ou levarão os casos para os tribunais normalmente são baseadas em suas avaliações dos possíveis resultados de um julgamento. Tendo em vista que os meios de comunicação tendem a divulgar agressivamente os casos onde os valores indenizatórios foram absurdamente altos (ignorando outros, nos quais tais valores foram muito mais baixos e normais), os advogados podem superestimar a probabilidade de o juiz conceder uma grande indenização para o querelante. Em conseqüência, oferecem acordos maiores do que realmente seriam necessários.

**O que você pode fazer a respeito?** A melhor maneira de evitar as armadilhas de estimativas e previsões é adotar uma abordagem muito disciplinada ao fazer previsões e avaliar probabilidades. Para cada uma das três armadilhas acima comentadas, algumas precauções adicionais podem ser tomadas:

- Para reduzir os efeitos da confiança excessiva em fazer estimativas, sempre comece avaliando os extremos, os valores mais baixos e altos da possível faixa. Isso evitará que você seja vinculado a uma estimativa inicial. Depois questione suas estimativas dos extremos. Tente imaginar circunstâncias nas quais o valor real ficaria abaixo do menor valor ou acima do maior, depois, ajuste sua faixa de acordo. Questione da mesma maneira as estimativas de seus subordinados e consultores. Eles também são suscetíveis a superestimar.

- Para evitar a armadilha da prudência, expresse sempre suas estimativas honestamente e explique a qualquer um que as usará que elas não foram ajustadas. Realce a necessidade das avaliações honestas a qualquer um que lhe fornecer estimativas. Teste-as ao longo de uma faixa razoável para avaliar seu impacto. Dê uma segunda olhada nas estimativas mais críticas.

- Para reduzir a distorção causada por variações devidas à recordação, examine cuidadosamente todas as suposições para se assegurar de que elas não foram influenciadas por sua memória do passado. Sempre que possível, utilize estatísticas reais. Tente não ser guiado por impressões.

## Aquele que é consciente está mais bem preparado

Quando se trata de decisões de negócios, raramente há casos que não exigem pensar muito. Nossos cérebros estão sempre funcionando, às vezes, infelizmente, de maneira a nos bloquear em vez de ajudar. Em cada etapa do processo da tomada de decisões, concepções errôneas, preconceitos e outros truques da mente podem influenciar as escolhas que fazemos. As decisões altamente complexas e importantes são as mais propensas a distorções porque tendem a envolver um maior número de pressupostos, um grande volume das estimativas e maior número de inputs da maioria das pessoas. Quanto mais alto está, mais alto será o risco de você ser pego em uma armadilha psicológica.

Todas as armadilhas que revisamos podem funcionar sozinhas, mas, algo que é ainda mais perigoso, elas podem agir em conjunto, umas amplificando as outras. Uma primeira impressão dramática talvez vincule nossa maneira de pensar, e, então, talvez busquemos seletivamente evidências confirmatórias para justificar nossa preferência inicial. Tomamos uma decisão apressada, e essa decisão estabelece um novo *status quo*. À medida que nossos custos a fundo perdido aumentam, somos apanhados na armadilha, incapazes de encontrar tempo propício para procurar um novo, e talvez melhor, curso de ação. Os enganos psicológicos crescem em cascata, tornando cada vez mais difícil escolher sabiamente.

Como dissemos no começo, a melhor proteção contra as armadilhas psicológicas – isoladas ou em combinações – é a conscientização. Aquele que é consciente está melhor preparado. Ainda que você não possa erradicar as distorções arraigadas na maneira como sua mente trabalha, você pode conceber testes e disciplinar seu processo de tomada de decisão que podem revelar erros em sua maneira de pensar antes que estes se tornem erros de discernimento. Tomar medidas para entender e evitar as armadilhas psicológicas produz o benefício adicional de aumentar a confiança nas escolhas que venha a fazer.

Originalmente publicado em 1998
Reimpressão R0601K

# Colaboradores

**MAX H. BAZERMAN** é titular da cadeira Professor Jesse Isidor Strauss de Administração de Empresas na Harvard Business School.

**MARCIA BLENKO** é sócia da Bain & Company em Boston e líder da prática organizacional da Bain dos Estados Unidos.

**RAM CHARAN,** consultor de altos executivos de empresas como GE, Ford e DuPont, é autor de artigos e livros.

**DOLLY CHUGH** possui MBA da Harvard Business School e é candidata a doutorado no programa comum da Harvard University em comportamento organizacional e psicologia social.

**THOMAS H. DAVENPORT** é President's Distinguished Professor de Tecnologia e Gestão da Informação na Babson College, em Massachusetts.

**JOHN S. HAMMOND** é consultor em tomada de decisão e ex-professor da Harvard Business School em Boston.

**RALPH L. KEENEY** é professor da Fukua School Business na Duke University, em Durham, Carolina do Norte.

**MICHAEL C. MANKINS** é sócio-gerente no escritório de San Francisco da Marakon Associates, uma empresa de consultoria em estratégia e administração.

**GARDINER MORSE** é editor sênior da *Harvard Business Review*.

**JEFFREY PFEFFER** é titular da cadeira Professor Thomas D. Dee II de Comportamento Organizacional na Stanford Graduate School of Business, na Califórnia.

**HOWARD RAIFFA** é professor emérito da cadeira Frank Plumpton Bamsey de Economia Administrativa na Harvard Business School.

**PAUL ROGERS** é sócio da Bain & Company em Londres e dirige a prática organizacional global da Bain.

**RICHARD STEELE** é sócio do escritório de Nova York da Marakon Associates, uma empresa de consultoria em estratégia e administração.

**ROBERT I. SUTTON** é professor da ciência da administração e engenharia da Stanford School of Engineering, onde também é co-diretor do Centro para o Trabalho, Tecnologia e Organização.

# Índice

A.C. Milan (time de futebol italiano), 117
abordagem "*rank and yank*", 33
abordagem empresarial, 101-104
abordagem RAPID, 2, 4-7, 19-21. *Veja também* esclarecimento de papéis
ação. *Veja* implementação
Adams, Paul, 9
adaptabilidade, 21
administração baseada em evidência, 23-52
   adoção da classificação forçada e, 32-35
   alternativas à evidência e, 26-30
   atitude sábia e, 42-43
   benchmarking e, 48-50
   dando o tom e, 36-38
   efeitos colaterais e, 47-48
   eficácia da, 43-46
   experimentação e, 40-42
   implementação de, 35-43
   obstáculos para, 46-48, 50-52
   padrões da avaliação do conhecimento e, 50-52
   pressupostos e, 38-39
adolescentes, tomada de decisões pelos, 126
*Against All Enemies* (Clarke), 82
"agenda de decisão" na Textron, 67
Amazon, 95, 96, 98, 104, 107, 109-110
ambigüidade, 21
American Airlines, 96
American Home Products. *Veja* Wyeth Pharmaceuticals
American Hospital Supply, 96
Amgen, 11
amígdala, 133-135, 136, 139
"análise do pior caso," 184
analítica de compartilhamento de, 102-103
   consciência confinada e, 77, 89-93
   cultura e, 151
   ataques terroristas de 11 de setembro de 2001 e, 90-91
analítica e CEOs, 104-105
   comparação do planejamento *versus* tomada de decisões e, 74
   culturas de indecisão e, 142-158
   dando o tom e, 37

decisões fora do processo de
planejamento e, 56
tomada de decisões focada em
questões e, 56-57, 62-70
Ando, Göran, 153-155
armadilha da confiança excessiva, 164,
182-183, 185
armadilha da evidência confirmatória,
164, 175-177
armadilha da prudência, 164, 183-184,
185-186
armadilha da revocação, 164, 184-185, 186
armadilha da vinculação, 163, 167-169
armadilha do enquadramento, 164,
177-181
armadilha dos custos a fundo perdido,
163-164, 172-175
armadilhas mentais, 163-166
  armadilha da vinculação e, 167-169
  consciência e, 186-187
  armadilha da evidência
    confirmatória, 175-177
  armadilha da estimativa e previsão
    e, 181-186
  armadilha do enquadramento e,
    177-181
  armadilha do *status quo*, 170-172
  armadilha dos custos a fundo
    perdido e, 172-175
  formas de evitar, 168-169, 172,
    174-175, 176-177, 180-181,
    185-186
Ataques terroristas de 11 de setembro
de 2001, 90-91
autoconsciência. *Veja também*
  consciência confinada
  armadilhas mentais e, 186-187
  emoções e, 136-138
avaliação
  diálogos decisivos e, 151-157
  na GE, 159-161
  padrões para a avaliação do
    conhecimento e, 50-52
  revisões estratégicas e, 66-69
Ayres, Ian, 92-93

Babson College, Working Knowledge
Research Center, 98
Bain & Company, 39
Ballmer, Steve, 64-65
Banaji, Mahzarin, 133
Bancos japoneses, 85-89
Barclays Bank, 102, 107, 115
Barksdale, James, 45
BAT. *Veja* British American Tobacco
(BAT)
Bazerman, Max, 133
BCA. *Veja* Boeing Commercial
Airplanes (BCA)
Bechara, Antoine, 125
benchmarking
  classificação forçada, 31-35
  forma "casual" de, 30
Benner, Mary, 50
Beracha, Barry, 104, 109
Berns, Gregory, 126
Bezos, Jeff, 104, 109-110
Bierce, Ambrose, 51
Bissinger, Buzz, 117
*Blink* (Gladwell), 127, 137
Bloom, Matt, 34
Boeing Commercial Airplanes
(BCA), 63
Bolton Wanderers (time de futebol
inglês), 116-117
Bolton, Lisa, 28
Boston Red Sox, 95, 96, 98,
107, 118
Breiter, Hans, 128, 134, 137
British American Tobacco (BAT), 2,
7-10
Broughton, Martin, 7-10
Brown, Dick, 150-152, 156-158
Buffett, Warren, 175
Bush, George W., 48, 82, 91

Cadbury Schweppes, 69-70
cadeia de suprimento e a abordagem
analítica, 107
Camerer, Colin, 132
Campbell, Lewis, 67

Capital One, 95, 96, 98, 101, 102, 104, 107, 109-111
Cardinal Health, 68
Caruso, Eugene, 89
CEC. *Veja* Corporate Executive Council (CEC)
cérebro. *Veja* neurociência da tomada de decisões
Cheney, Dick, 82
Chevron, 45
Chugh, Dolly, 133
Cisco, 50
Citibank no Japão, 85-86
Citibank, 76
Clarke, Richard, 82
Cleaver, Harlan, 37
clientes e a abordagem analítica, 107
Clinton, Bill, 48, 91
Coca-Cola, 84
computadores, e concorrentes analíticos, 114
conclusão, 145, 155-157
concordância, abordagem na RAPID, 4-5, 20
conhecimento coletivo, 51
consciência confinada, 75-94
 falha em compartilhar informações e, 78, 89-93, 94
 falha em procurar informações e, 78, 81-85, 93-94
 falha em utilizar informações e, 78, 85-89, 94
 falha em ver informações e, 78, 79-81, 93
 fenômeno de, 75-76, 78
 maneiras de aumentar a conscientização e, 93-94
 passando através, 91-93
consenso e decisões falsas, 143-145
consultores, 169
contar histórias, 48, 51
Corporate Executive Council (CEC), 160-161
córtex pré-frontal, 123-126, 132, 139
córtex, 139

Cowherd, Douglas, 33
Cox, Carrie, 153-155
Credit Suisse Financial Products, 85
Credit Suisse First Boston, 85
Cullivan, John, 68
cultura corporativa, 141
 analítica e, 108-109
 diálogo decisivo e, 145-148
 administração baseada em evidência e, 141-142
 armadilha do custo a fundo perdido e, 174, 175
Cypress Semiconductor, 28

Dalton, Dan R., 28
Damasio, Antonio, 123-124
dando o tom. *Veja* CEOs; diálogos decisivos
DaVita, 37
DDB Matrix, 113
de Quervain, Dominique J.F., 131
decisões de investimento, 135-136
decisões do passado, 172-175
decisões que constroem valor, 21
Dell Computer, 13, 107, 113, 146
desastre do ônibus espacial *Challenger*, 76, 81
*Descartes' Error* (Damasio), 123-124
Desempenho financeiro, 107
determinação de preços, 107
Diageo North America, 66
*Dicionário do Demônio* (Bierce), 51
diálogo. *Veja também* diálogos decisivos; input ao modelo colaborador de decisões e, 153-155
 culturas decisivas nas, 145-148
 honestidade e, 144-145
 mecanismo operacional social e, 145, 149-151
 planejamento estratégico e, 65
diálogos decisivos. *Veja* também diálogo
 diálogos assassinos e, 158

avaliação e, 155-157
implementação e, 145, 149-155
dando o tom e, 142, 145-148
Diligenciamento, 8-9
dinheiro e o cérebro, 129-130, 134
diversidade e viés, 133-134
dopamina, 129

E.&J. Gallo, 108
eBay, 40
Economist Intelligence Unit, 57
EDS. *Veja* Electronic Data Systems (EDS)
Einstein, Albert, 58
Electronic Data Systems (EDS), 150, 157
emoções
   autoconsciência e, 136-138
   discernimento distorcido e, 126-127, 131
   estruturas do cérebro e, 122-123, 139
   tomada de decisões e, 123-126, 131
empregados. *Veja* recursos humanos e concorrência com base na analítica
empresa de equipamentos para o ar livre, 16-18
empresas que concorrem com base na analítica, 95-118
   abordagem empresarial e, 101-104
   advogados seniores e, 104-105
   analistas e, 110-112
   atributos-chave entre, 100-105
   checklist das, 117-118
   cultura e, 108-109
   desafios das, 114-116
   foco e, 106-108
   fonte de força dos, 105-114
   importância da analítica e, 97-98
   Marriott International e, 99-100
   metas analíticas comuns, 106, 107
   modelagem e, 100-101
   otimização e, 100-101
   tecnologia e, 113
Enbrel (droga), 11-12

envolvimento das partes atingidas, 8, 9, 22
Epley, Nick, 89
escândalo Enron, 80
escândalo World-Com, 80
esclarecimento dos papéis, 1-22
   abordagem RAPID e, 5-7, 19-21
   decisões matriz *versus* unidade de negócios e, 3-4,10-13
   diagnósticos de decisão e, 22
   função *versus* função e, 4, 13-16
   organograma e, 22
   parceiros internos *versus* parceiros externos e, 4, 16-18
   tomada de decisões global *versus* local e, 3, 7-10
escolas públicas, aprovação social nas, 47-48
esportes profissionais, analítica nos, 116-117
estereótipos, 167
estratégia de dados, 113
estriato, 131
estrutura organizacional
   papéis e, 22
   mecanismo operacional social e, 152-153
evidência. *Veja também* administração baseada em evidência; informações: input ao viés da evidência confirmatória das decisões e, 175-177
   experiência como, 117
exemplo de classificação forçada e, 31-35
Extorsionários", 159

Fairbank, Rich, 104
fatos *versus* pressupostos, 186-187
Fayyad, Usama, 41
FDA. *Veja* U.S. goverment, Food and Droga Administration (FDA)
feedback, 145
   diálogo decisivo e, 155-157
   precisão da previsão, 181-182
   GE e, 160

Fehr, Ernst, 131
Financial Service Agency (FSA), 85-86
fMRI (functional magnetic resonance imaging), 138
foco. *Veja também* consciência confinada
 concorrência baseada em analítica e, 106-108
 temas-chave e, 63-66
força de vontade, 126
franqueza, 149
Freud, Sigmund, 136
FSA. *Veja* Financial Service Agency (FSA)
fusões e aquisições
 *status quo* e, 170-171
 planejamento estratégico e, 59-60

Gallo wines. *Veja* E.& J.Gallo
gargalos, e RAPID abordagem, 3, 4-9, 21
General Electric
 classificação forçada e, 31, 32
 mecanismo operacional social na, 159-161
Gilbert, Dan, 78
Gilmartin, Raymond, 77
Gino, Francesca, 80
Gladwell, Malcolm, 125
Grange Castle Business Park Dublin, Irlanda, 11-13
Grief, Stuart, 67
"grupos de fora", 133
grupos de trabalho, 9
*Guerra pelo talento, A* (McKinsey), 31, 32

Harrah's, 40, 95, 97, 99, 104, 106, 107, 115
Harris, Clara, 130
Hassan, Fred, 152
Heimer, Lennart, 123
heurística, 165
Hewlett-Packard, 42
Hipócrates, 35

Home Depot, 17
Honda, 107
Horowitz, Todd, 79
humildade, 42-43
Hunter, Mark, 85

idéias "pioneiras", 51
ideologia, 28-29, 52
Immunex, 11
implementação
 inconvenientes de, 50
 abordagem RAPID e, 6, 20, 21
 mecanismo operacional social e, 145, 149-155
incentivos e a neurociência, 127-132, 136-137
incerteza e armadilhas mentais, 181-186
indústria de aviação, e consciência confinada, 92
informações não confirmatórias, 83-85
informações. *Veja também* administração baseada em evidência
 assimetrias em e planejamento, 61
 demanda por evidência e, 37
 enganosas, 47
 falha em compartilhar, 78, 89-93, 94
 falha em procurar, 78, 81-85, 93
 falha em utilizar, 78, 85-89, 94
 falha em ver, 78, 78-81, 93
 falta de boas, 46
 meias verdades, 46
 problema do excesso de, 46
 tempo necessário para coletar, 58-59
informalidade, 149
input para as decisões. *Veja também* diálogo
 perspectivas fragmentadas, 159
 abordagem RAPID e, 5-6, 20
Insead, 85
insula anterior, 122, 135, 136
Intel, 42, 107, 112
Iraque, invasão do, 82

James, Bill, 117
John Lewis (rede de lojas de departamento da Grã-Bretanha), 2, 14-16
Johnson, Steven, 128

Kahneman, Daniel, 81, 128
Kelleher, Herb, 49
Kenner, Naomi, 79
Kidder, Tracy, 48
killer app, 96
    Veja também empresas concorrendo com base na analítica
Klein, Gary, 137
Knutson, Brian, 130, 136
Konner, Melvin, 27
Kuhnen, Camelia, 136

La Russo, Tony, 117
Lal, Rajiv, 40
Levine, David, 33
Lewis, Michael, 98
Lewis, Spedan, 14
liderança. Veja também CEOs
    mudança cultural e, 158
    abordagem baseada na evidência e, 35-43
Lovallo, Dan, 91
Loveman, Gary, 40, 99, 104, 115
LRBP. Veja plano de negócios a longo prazo (LRBP)

MacDuffie, John Paul, 35, 49
MacKenzie, Gordon, 48
Mahady, Joseph M., 11
Marakon Associates, 57
marcas registradas, 3, 8
March, James, 50
marketing
    tomada de decisões e, 27-28
    experimentação e, 40-41
Marriott International, 99-100
Marriott, 107
McDonald's, 42
MCI, 107

medicina baseada em evidência, 24-25, 35
medo, 133-134
Melhores práticas e planejamento estratégico, 58
Mello, Joe, 38
Mene, Louis, 127
Merck, 75, 76-77
Mesulam, Marsel, 123
Microsoft, 65, 145
Mishkin, Mortimer, 123
modelagem, 100-101
modelo corroborativo, e o diálogo, 153-155
modismos, 27
Moneyball (Lewis), 98
Moore, Don, 87
Morton Thiokol, 81
Motivação e a ciência do cérebro, 136-137
MRI, imagens de, 135-136
mudança cultural do mecanismo operacional social e, 158-159
    diálogo honesto e, 145, 149-155
mudanças ambientais e planejamento estratégico, 59-60
Mulally, Alan, 63

Nalebuff Barry, 92-93
NASA, 81
negociação e as vinculações, 168-169
Neisser, Ulric, 79
Netscape, 45
neurociência da tomada de decisões, 119-139
    autoconsciência emocional e, 136-138
    avaria cerebral e, 123-126
    camadas cerebrais e, 139
    mapeamento do cérebro e, 123
    maturação do cérebro e, 126-128
    risco e, 126-127, 132-136
    sistema de recompensa e, 127-132
    Ultimatum Game e, 121-122
New England Journal of Medicine, 76, 77

ÍNDICE 197

New England Patriots, 98, 107, 116
Newton, Isaac, 50
Nova Coca-Cola, 84
Novartis, 107
*nucleus accumbens*, 130

Oakland A's, 98, 107, 116
*Orbiting the Giant Hairball* (MacKenzie), 48
organizações de alto desempenho, 22
otimização, 100-101
Otis Elevator, 96
Owens & Minor, 108
Oxford Centre for Evidence Based Medicine, 31, 43

P&D. *Veja* pesquisa e desenvolvimento (P&D)
padrões para avaliação, 50-52
papéis em processos críticos de tomada de decisão, 2, 19-21
 abordagem RAPID e, 6, 20
 áreas de problemas relacionados com os papéis em, 20
 eliminação de gargalos em, 4-7
 locais de consciência confinada em, 75-76, 78
 passos na reformulação, 2
 tipos de gargalos em, 3-4
Papel do advogado do diabo, 177
Parceiros chineses de manufatura, 17-18
parceiros estratégicos, 4, 16-18
Pepsi, 84
Peritos em administração, 25
pesquisa e desenvolvimento, (P&D)
 abordagem analítica e, 107, 109
 pressupostos subjacentes e, 38-39
PET (positron emission tomography), 138
Peterson, Richard, 137
Pharmacia, 152-155
planejamento estratégico focado na decisão, 62-70

desenvolvimento contínuo e, 66-69, 72
estruturas das revisões estratégicas e, 69-70
foco sobre temas-chave e, 64-66
integração das decisões com o plano e, 62-64
problemas com o planejamento convencional e, 57-62, 72, 74
qualidade da tomada de decisões e, 71
planejamento estratégico. *Veja também* processo de planejamento
 ceticismo sobre, 53, 54-57, 74
 efeito da unidade de negócios e, 56, 60-62, 72
 efeito do calendário e, 56, 58-60, 72
 focado em decisões, 62-71
 revisões estratégicas e, 66-69
plano de negócios a longo prazo (LRBP), 63
poder de veto, 20
políticas importadas, 27
ponto de referência e enquadramento, 180
*Power of Intuition, The* (Klein), 137
pré-pressentimento, 125
previsões, 181
primeiras impressões, 133, 167. *Veja também* armadilha da vinculação
problema de tempo e planejamento, 57, 58-59
Processo de Integração Estratégica, na BCA, 63
processo de planejamento. *Veja também* planejamento estratégico
 processo de revisão contínua e, 66-69
 decisões estratégicas e, 56, 58-60
processos de responsabilidade, 185
Procter & Gamble, 103-104, 08, 116
Progressive, 98, 101, 107, 109

qualidade, 107
Quebra-cabeças, 2-4-6, 84
questões globais *versus* locais, 3, 7-10

realismo, 147
Reckitt, Mark, 71
recomendadores, na abordagem
    RAPID, 5, 19
recursos humanos e a concorrência
    analítica, 107, 109, 110-112,
    115-116
Redmond, Cavan, 12
relojoeiros suíços, 87
repetição, 152
responsabilidade
    abordagem RAPID e, 2,19
    mecanismo operacional social e,
        150-151
    tipos de gargalos e, 3
reuniões, desenrolar das discussões em,
    159-160
revisões estratégicas, 66-69
Rice, Condoleezza, 82
Rigby, Darrell, 46
risco
    enquadramento e, 178-179
    erro da aversão ao risco e, 136
    o cérebro e, 126-127, 132-136
    reconhecimento do, 51
Rodgers, T.J., 28
Rumsfeld, Donald, 82

Sabedoria e humildade, 42-43
Sackett David, 24
Saffo, Paul, 29
Sanfey, Alan, 122, 131
Sara Lee Bakery Group,
    104, 109
Sartre, Jean-Paul, 127
SAS, 112
servidores e a concorrência analítica,
    114
sinceridade, 149
sistema de classificação de desempenho
    de curva forçada, 31
sistema límbico, 124, 139
software de *business inteligence*, 114
solução de conflitos, 151-152
*Soul of a New Machine* (Kidder), 48

Southwest Airlines, 30, 49
St. Louis Cardinals, 117
Stasser, Gerald, 90
*status quo*
    armadilha do enquadramento e,
        177-178
    como armadilha, 163, 170-172
*Strategy and Leadership*, 46

tarefas do "perfil escondido", 90
Target, 17
técnicas de varredura do cérebro, 122,
    133, 138
tecnologia, e concorrência analítica,
    113, 115
temas-chave, foco em, 64-66
Textron
    revisões de questões estratégicas na,
        69
    planejamento estratégico na,
        66-68
Thiry, Kent, 37
*Three Nights in August* (Bissinger), 117
timing das revisões estratégicas,
    66-69
tomada de decisões interfuncional, 4,
    13-16
Toyota, 13, 49
Treinamento e concorrência analítica,
    115-116
Tushman, Michael, 50, 87
Tversky, Amos, 178
Tygacil (droga), 13

U.S. government Food and Drog
    Administration (FDA), 13
    Compartilhamento de informações
        e, 91
    Serviço Secreto, 80
Uhlaner, Robert, 65
Ultimatum Game, 121-122, 131, 135
unidade de negócios
    como foco do planejamento, 56,
        60-61
    coordenação e, 65

envolvimento em decisões, 9, 22
esclarecimento de papéis e, 3-4,
   10-13
modelo contínuo das unidades de
   negócios e, 66-69
   na Microsoft, 64
United Airlines, 30
"Universidade de CEOs", 160
University of Missouri, 44
UPS, 102, 106, 115

vantagem do pioneiro, 28-29
velocidade, 21
venda cruzada em bancos, 85
   viés do custo a fundo perdido e,
   173-174
Verizon, 107
vingança e o cérebro, 130-131
Vioxx, 75, 76-77, 78

Virchow, Rudolph, 116
*Você pode tudo* (Nalebuff e Ayres),
   92-93

Wachovia Bank, 112
Wal-Mart, 17, 106-107, 146
Wason, P.C., 83
Welch, Jack, 159-161
Whitman, Meg, 40
Wilson, Tim, 89
Wolfe, Jeremy, 79-80
Wolfowitz, Paul, 82
Wyeth Pharmaceuticals, 2, 11-13

Yahoo, 41, 107, 109
Yu, Gang, 110

Zyman, Sergio, 84
Zyvox, 155

## Conheça também os outros livros da série:

Este livro ajudará você a despertar para os desafios que enfrenta diariamente, tornando-o um líder mais forte, mais sagaz e mais capacitado.

### RUMO À LIDERANÇA

ISBN: 978-85-352-2912-7
Páginas: 208

Este livro oferece poderosas táticas e ferramentas de especialistas em gestão que o ajudará a liderar de forma inovadora.

### LIDERANÇA INOVADORA

ISBN: 978-85-352-2915-8
Páginas: 184

Este livro oferece lições sobre como desempenhar um papel de liderança e lidar com suas peculiaridades.

## COMO O LÍDER PENSA

ISBN: 978-85-352-1682-0
Páginas: 176

Este livro consolida em poucos capítulos temas de relevância para a gestão de empresas sustentáveis.

## GESTÃO DE EMPRESAS SUSTENTÁVEIS

ISBN: 978-85-352-1644-8
Páginas: 168

Este livro mostra os temas que devem ser considerados para uma execução de projetos plena e eficaz.

**GESTÃO E IMPLEMENTAÇÃO DE PROJETOS**

ISBN: 978-85-352-1681-3
Páginas: 188

Este livro oferece artigos sobre temas de relevância para a ética e a responsabilidade social nas empresas.

**ÉTICA E RESPONSABILIDADE SOCIAL NAS EMPRESAS**

ISBN: 978-85-352-1583-0
Páginas: 180

Este livro apresenta os temas significativos para a liderança e a motivação na empresa.

## LIDERANÇA E MOTIVAÇÃO

ISBN: 978-85-352-1584-7
Páginas: 180

Este livro aborda alguns aspectos relativos à necessidade de mudança.

**LIDERANÇA CLASSE MUNDIAL**

IBSN: 978-85-352-1601-1
Páginas: 176

Este livro tem como foco a inovação e a necessidade de as empresas estarem sempre inovando.

## O VALOR DA INOVAÇÃO

ISBN: 978-85-352-1617-2
Páginas: 160

Este livro mostra o pensamento de
vanguarda e as aplicações práticas
que estão definindo a gestão do
conhecimento.

**GESTÃO DO
CONHECIMENTO**

ISBN: 978-85-352-0699-9
Páginas: 208

Este livro ajudará os gerentes a melhorarem sua performance e se tornarem os líderes de amanhã.

## COMUNICAÇÃO PESSOAL IMPECÁVEL

ISBN: 978-85-352-1447-5
Páginas: 160

## Cartão Resposta

050120048-7/2003-DR/RJ
**Elsevier Editora Ltda**

...CORREIOS...

**SAC** | 0800 026 53 40 | sac@elsevier.com.br
ELSEVIER

---

### CARTÃO RESPOSTA
Não é necessário selar

O SELO SERÁ PAGO POR
**Elsevier Editora Ltda**

20299-999 - Rio de Janeiro - RJ

---

**Por favor, preencha o formulário abaixo e envie pelos correios ou acesse www.elsevier.com.br/cartaoresposta. Agradecemos sua colaboração.**

Seu nome: _____

Sexo: ☐ Feminino  ☐ Masculino    CPF: _____

Endereço: _____

E-mail: _____

Curso ou Profissão: _____

Ano/Período em que estuda: _____

Livro adquirido e autor: _____

### Como conheceu o livro?
☐ Mala direta
☐ Recomendação de amigo
☐ Recomendação de professor
☐ Site (qual?) _____
☐ Evento (qual?) _____
☐ E-mail da Campus/Elsevier
☐ Anúncio (onde?) _____
☐ Resenha em jornal, revista ou blog
☐ Outros (quais?) _____

### Onde costuma comprar livros?
☐ Internet. Quais sites? _____
☐ Livrarias  ☐ Feiras e eventos  ☐ Mala direta

☐ Quero receber informações e ofertas especiais sobre livros da Campus/Elsevier e Parceiros.

**Siga-nos no twitter @CampusElsevier**

## Qual(is) o(s) conteúdo(s) de seu interesse?

**Concursos**
- [ ] Administração Pública e Orçamento
- [ ] Arquivologia
- [ ] Atualidades
- [ ] Ciências Exatas
- [ ] Contabilidade
- [ ] Direito e Legislação
- [ ] Economia
- [ ] Educação Física
- [ ] Engenharia
- [ ] Física
- [ ] Gestão de Pessoas
- [ ] Informática
- [ ] Língua Portuguesa
- [ ] Línguas Estrangeiras
- [ ] Saúde
- [ ] Sistema Financeiro e Bancário
- [ ] Técnicas de Estudo e Motivação
- [ ] Todas as Áreas
- [ ] Outros (quais?)

**Educação & Referência**
- [ ] Comportamento
- [ ] Desenvolvimento Sustentável
- [ ] Dicionários e Enciclopédias
- [ ] Divulgação Científica
- [ ] Educação Familiar
- [ ] Finanças Pessoais
- [ ] Idiomas
- [ ] Interesse Geral
- [ ] Motivação
- [ ] Qualidade de Vida
- [ ] Sociedade e Política

**Jurídicos**
- [ ] Direito e Processo do Trabalho/Previdenciário
- [ ] Direito Processual Civil
- [ ] Direito e Processo Penal
- [ ] Direito Administrativo
- [ ] Direito Constitucional
- [ ] Direito Civil
- [ ] Direito Empresarial
- [ ] Direito Econômico e Concorrencial
- [ ] Direito do Consumidor
- [ ] Linguagem Jurídica/Argumentação/Monografia
- [ ] Direito Ambiental
- [ ] Filosofia e Teoria do Direito/Ética
- [ ] Direito Internacional
- [ ] História e Introdução ao Direito
- [ ] Sociologia Jurídica
- [ ] Todas as Áreas

**Media Technology**
- [ ] Animação e Computação Gráfica
- [ ] Áudio
- [ ] Filme e Vídeo
- [ ] Fotografia
- [ ] Jogos
- [ ] Multimídia e Web

**Negócios**
- [ ] Administração/Gestão Empresarial
- [ ] Biografias
- [ ] Carreira e Liderança Empresariais
- [ ] E-business
- [ ] Estratégia
- [ ] Light Business
- [ ] Marketing/Vendas
- [ ] RH/Gestão de Pessoas
- [ ] Tecnologia

**Universitários**
- [ ] Administração
- [ ] Ciências Políticas
- [ ] Computação
- [ ] Comunicação
- [ ] Economia
- [ ] Engenharia
- [ ] Estatística
- [ ] Finanças
- [ ] Física
- [ ] História
- [ ] Psicologia
- [ ] Relações Internacionais
- [ ] Turismo

**Áreas da Saúde**
- [ ]

**Outras áreas (quais?):**

**Tem algum comentário sobre este livro que deseja compartilhar conosco?**